DECIMALS MATH WORKBOOK

ADDITION, SUBTRACTION, MULTIPLICATION & DIVISION OF DECIMALS WORKSHEETS

by

Blue Toad Press

Table of Contents

ADDITION

SUBTRACTION

MULTIPLICATION

DIVISION

Answer Keys

Exercise 1

1. 0.2
  + 0.8

2. 0.6
  + 0.3

3. 0.3
  + 0.7

4. 0.6
  + 0.4

5. 0.6
  + 0.9

6. 0.9
  + 0.3

7. 0.2
  + 0.6

8. 0.4
  + 0.6

9. 0.8
  + 0.1

10. 0.9
  + 0.7

11. 0.8
  + 0.4

12. 0.7
  + 0.2

13. 0.3
  + 0.4

14. 0.9
  + 0.8

15. 0.4
  + 0.3

16. 0.6
  + 0.8

17. 0.1
  + 0.7

18. 0.2
  + 0.5

19. 0.7
  + 0.9

20. 0.2
  + 0.7

21. 0.1
  + 0.3

22. 0.6
  + 0.6

23. 0.2
  + 0.3

24. 0.5
  + 0.6

25. 0.3
  + 0.2

26. 0.5
  + 0.8

27. 0.7
  + 0.6

28. 0.3
  + 0.6

29. 0.6
  + 0.5

30. 0.4
  + 0.4

Exercise 2

1.   0.5
   + 0.8
	2. 0.4
	   + 0.4
		3. 0.6
		   + 0.2
			4. 0.2
			   + 0.3
				5. 0.2
				   + 0.5

6.   0.2
   + 0.8
	7. 0.3
	   + 0.9
		8. 0.5
		   + 0.9
			9. 0.3
			   + 0.1
				10. 0.8
				   + 0.9

11.   0.1
   + 0.5
	12. 0.7
	   + 0.7
		13. 0.4
		   + 0.5
			14. 0.4
			   + 0.9
				15. 0.2
				   + 0.7

16.   0.3
   + 0.8
	17. 0.4
	   + 0.8
		18. 0.7
		   + 0.8
			19. 0.2
			   + 0.4
				20. 0.2
				   + 0.9

21.   0.9
   + 0.2
	22. 0.5
	   + 0.2
		23. 0.3
		   + 0.6
			24. 0.4
			   + 0.6
				25. 0.7
				   + 0.2

26.   0.2
   + 0.1
	27. 0.9
	   + 0.8
		28. 0.6
		   + 0.4
			29. 0.5
			   + 0.7
				30. 0.1
				   + 0.7

Exercise 3

1. 0.5
  + 0.5

2. 0.1
  + 0.4

3. 0.4
  + 0.4

4. 0.7
  + 0.3

5. 0.1
  + 0.8

6. 0.4
  + 0.2

7. 0.4
  + 0.8

8. 0.2
  + 0.1

9. 0.8
  + 0.3

10. 0.3
   + 0.2

11. 0.6
   + 0.8

12. 0.5
   + 0.7

13. 0.7
   + 0.2

14. 0.7
   + 0.7

15. 0.6
   + 0.2

16. 0.8
   + 0.2

17. 0.7
   + 0.8

18. 0.8
   + 0.1

19. 0.5
   + 0.6

20. 0.5
   + 0.2

21. 0.4
   + 0.3

22. 0.9
   + 0.4

23. 0.7
   + 0.9

24. 0.3
   + 0.8

25. 0.7
   + 0.4

26. 0.2
   + 0.5

27. 0.1
   + 0.3

28. 0.6
   + 0.3

29. 0.4
   + 0.7

30. 0.3
   + 0.3

Exercise 4

1. 5.3
    + 5.3

2. 4.0
    + 8.4

3. 6.2
    + 6.7

4. 5.3
    + 7.5

5. 5.0
    + 9.8

6. 1.9
    + 6.3

7. 6.3
    + 9.0

8. 5.7
    + 3.7

9. 7.4
    + 1.9

10. 2.0
    + 3.9

11. 3.8
    + 8.3

12. 7.6
    + 6.5

13. 1.9
    + 7.2

14. 4.0
    + 1.2

15. 2.4
    + 4.2

16. 4.8
    + 2.4

17. 9.8
    + 4.2

18. 1.7
    + 1.0

19. 7.7
    + 7.8

20. 6.5
    + 2.9

21. 6.2
    + 1.6

22. 8.5
    + 3.6

23. 4.6
    + 4.9

24. 1.4
    + 3.7

25. 7.1
    + 1.3

26. 6.7
    + 7.4

27. 7.3
    + 7.4

28. 7.4
    + 4.9

29. 3.9
    + 5.9

30. 6.3
    + 2.9

Exercise 5

1. 3.7
    + 4.5

2. 1.9
    + 8.9

3. 4.3
    + 6.0

4. 1.2
    + 9.7

5. 2.2
    + 7.0

6. 7.9
    + 4.9

7. 1.2
    + 4.5

8. 7.3
    + 6.6

9. 6.0
    + 9.7

10. 8.5
    + 7.3

11. 1.2
    + 4.9

12. 1.8
    + 3.7

13. 5.3
    + 2.0

14. 8.9
    + 3.3

15. 5.0
    + 1.7

16. 2.9
    + 6.8

17. 2.8
    + 1.0

18. 2.6
    + 2.4

19. 1.5
    + 3.0

20. 9.1
    + 5.8

21. 3.3
    + 3.3

22. 8.6
    + 1.0

23. 7.0
    + 5.7

24. 6.2
    + 3.5

25. 6.2
    + 7.2

26. 9.0
    + 1.6

27. 1.2
    + 3.0

28. 3.4
    + 1.2

29. 2.9
    + 3.5

30. 9.0
    + 5.9

Exercise 6

1. 8.6
    + 5.2

2. 7.1
    + 9.6

3. 8.7
    + 1.1

4. 1.7
    + 6.4

5. 2.6
    + 5.9

6. 3.8
    + 8.5

7. 8.4
    + 3.5

8. 5.7
    + 4.0

9. 6.6
    + 1.4

10. 3.8
    + 4.7

11. 1.7
    + 7.7

12. 1.2
    + 5.8

13. 2.5
    + 3.5

14. 8.5
    + 9.1

15. 4.5
    + 3.2

16. 5.4
    + 6.7

17. 2.3
    + 5.6

18. 4.8
    + 6.7

19. 2.7
    + 8.6

20. 3.3
    + 9.4

21. 6.6
    + 8.2

22. 9.1
    + 7.5

23. 2.4
    + 1.3

24. 1.3
    + 8.4

25. 1.2
    + 5.4

26. 1.0
    + 1.1

27. 3.9
    + 8.6

28. 9.3
    + 6.2

29. 5.9
    + 8.9

30. 2.6
    + 7.7

Exercise 7

1. 0.05 + 0.05	2. 0.05 + 0.08	3. 0.09 + 0.07	4. 0.01 + 0.01	5. 0.02 + 0.01
6. 0.07 + 0.04	7. 0.07 + 0.02	8. 0.03 + 0.09	9. 0.02 + 0.08	10. 0.03 + 0.03
11. 0.08 + 0.06	12. 0.06 + 0.07	13. 0.02 + 0.05	14. 0.04 + 0.09	15. 0.08 + 0.02
16. 0.09 + 0.08	17. 0.06 + 0.01	18. 0.08 + 0.03	19. 0.03 + 0.07	20. 0.06 + 0.03
21. 0.07 + 0.03	22. 0.04 + 0.03	23. 0.05 + 0.06	24. 0.03 + 0.04	25. 0.07 + 0.05
26. 0.01 + 0.07	27. 0.05 + 0.04	28. 0.01 + 0.06	29. 0.08 + 0.07	30. 0.09 + 0.02

Exercise 8

1.	0.08 + 0.07	2.	0.04 + 0.07	3.	0.05 + 0.03	4.	0.06 + 0.02	5.	0.05 + 0.07
6.	0.08 + 0.05	7.	0.08 + 0.03	8.	0.04 + 0.03	9.	0.07 + 0.09	10.	0.07 + 0.04
11.	0.03 + 0.02	12.	0.05 + 0.05	13.	0.02 + 0.07	14.	0.02 + 0.05	15.	0.06 + 0.03
16.	0.07 + 0.07	17.	0.08 + 0.02	18.	0.02 + 0.09	19.	0.05 + 0.09	20.	0.06 + 0.04
21.	0.04 + 0.06	22.	0.01 + 0.08	23.	0.01 + 0.07	24.	0.02 + 0.08	25.	0.09 + 0.07
26.	0.09 + 0.08	27.	0.04 + 0.04	28.	0.03 + 0.07	29.	0.06 + 0.05	30.	0.07 + 0.01

Exercise 9

1.   0.03
   + 0.02

2.   0.05
   + 0.06

3.   0.05
   + 0.09

4.   0.06
   + 0.02

5.   0.03
   + 0.05

6.   0.02
   + 0.08

7.   0.07
   + 0.04

8.   0.02
   + 0.06

9.   0.03
   + 0.03

10.   0.06
   + 0.06

11.   0.07
   + 0.06

12.   0.04
   + 0.02

13.   0.08
   + 0.05

14.   0.02
   + 0.05

15.   0.04
   + 0.04

16.   0.09
   + 0.07

17.   0.05
   + 0.05

18.   0.06
   + 0.04

19.   0.03
   + 0.06

20.   0.08
   + 0.03

21.   0.01
   + 0.07

22.   0.08
   + 0.08

23.   0.04
   + 0.07

24.   0.07
   + 0.05

25.   0.05
   + 0.07

26.   0.06
   + 0.03

27.   0.07
   + 0.08

28.   0.06
   + 0.01

29.   0.02
   + 0.07

30.   0.09
   + 0.04

Exercise 10

1. $\begin{array}{r} 7.92 \\ + \ 2.26 \\ \hline \end{array}$
2. $\begin{array}{r} 6.63 \\ + \ 3.36 \\ \hline \end{array}$
3. $\begin{array}{r} 8.19 \\ + \ 9.58 \\ \hline \end{array}$
4. $\begin{array}{r} 1.96 \\ + \ 4.96 \\ \hline \end{array}$
5. $\begin{array}{r} 2.66 \\ + \ 1.22 \\ \hline \end{array}$

6. $\begin{array}{r} 6.62 \\ + \ 9.25 \\ \hline \end{array}$
7. $\begin{array}{r} 3.48 \\ + \ 4.93 \\ \hline \end{array}$
8. $\begin{array}{r} 7.26 \\ + \ 3.79 \\ \hline \end{array}$
9. $\begin{array}{r} 4.52 \\ + \ 5.69 \\ \hline \end{array}$
10. $\begin{array}{r} 8.62 \\ + \ 9.52 \\ \hline \end{array}$

11. $\begin{array}{r} 1.55 \\ + \ 8.56 \\ \hline \end{array}$
12. $\begin{array}{r} 1.01 \\ + \ 7.04 \\ \hline \end{array}$
13. $\begin{array}{r} 6.00 \\ + \ 9.18 \\ \hline \end{array}$
14. $\begin{array}{r} 1.27 \\ + \ 6.35 \\ \hline \end{array}$
15. $\begin{array}{r} 7.85 \\ + \ 8.05 \\ \hline \end{array}$

16. $\begin{array}{r} 3.22 \\ + \ 7.85 \\ \hline \end{array}$
17. $\begin{array}{r} 3.36 \\ + \ 3.74 \\ \hline \end{array}$
18. $\begin{array}{r} 9.53 \\ + \ 8.61 \\ \hline \end{array}$
19. $\begin{array}{r} 7.16 \\ + \ 2.32 \\ \hline \end{array}$
20. $\begin{array}{r} 2.43 \\ + \ 6.60 \\ \hline \end{array}$

21. $\begin{array}{r} 3.19 \\ + \ 8.88 \\ \hline \end{array}$
22. $\begin{array}{r} 8.90 \\ + \ 2.61 \\ \hline \end{array}$
23. $\begin{array}{r} 5.29 \\ + \ 3.21 \\ \hline \end{array}$
24. $\begin{array}{r} 6.14 \\ + \ 3.66 \\ \hline \end{array}$
25. $\begin{array}{r} 8.98 \\ + \ 6.46 \\ \hline \end{array}$

26. $\begin{array}{r} 2.08 \\ + \ 7.53 \\ \hline \end{array}$
27. $\begin{array}{r} 3.44 \\ + \ 3.30 \\ \hline \end{array}$
28. $\begin{array}{r} 9.43 \\ + \ 6.35 \\ \hline \end{array}$
29. $\begin{array}{r} 8.92 \\ + \ 5.10 \\ \hline \end{array}$
30. $\begin{array}{r} 9.43 \\ + \ 2.10 \\ \hline \end{array}$

Exercise 11

1. 1.41 + 9.15	2. 5.36 + 2.67	3. 3.62 + 9.18	4. 1.39 + 5.49	5. 2.77 + 2.52
6. 2.69 + 4.33	7. 7.21 + 7.91	8. 3.77 + 1.91	9. 1.14 + 3.65	10. 1.84 + 8.19
11. 3.84 + 6.68	12. 3.78 + 6.03	13. 9.87 + 1.70	14. 3.20 + 4.74	15. 3.86 + 5.52
16. 2.13 + 9.59	17. 6.00 + 8.99	18. 4.35 + 5.83	19. 7.55 + 9.01	20. 6.31 + 4.07
21. 7.43 + 2.08	22. 5.05 + 1.66	23. 5.30 + 3.94	24. 7.00 + 8.54	25. 9.47 + 3.13
26. 4.38 + 3.94	27. 4.85 + 6.58	28. 6.36 + 3.01	29. 9.24 + 5.35	30. 9.60 + 3.79

Name: _____ Date: _____ Score: _____

Exercise 12

1. 4.48
    + 7.34

2. 2.70
    + 5.44

3. 7.37
    + 2.04

4. 1.52
    + 8.65

5. 7.92
    + 1.56

6. 7.12
    + 7.13

7. 6.48
    + 7.08

8. 9.01
    + 6.96

9. 8.62
    + 4.77

10. 2.63
    + 3.75

11. 7.93
    + 2.93

12. 4.50
    + 9.10

13. 2.10
    + 8.49

14. 2.22
    + 5.56

15. 2.55
    + 5.65

16. 2.77
    + 7.52

17. 5.69
    + 2.98

18. 1.99
    + 3.47

19. 6.74
    + 2.12

20. 4.04
    + 3.91

21. 7.58
    + 6.56

22. 6.58
    + 2.74

23. 5.52
    + 9.04

24. 3.45
    + 2.17

25. 9.16
    + 9.37

26. 4.79
    + 8.57

27. 3.71
    + 2.63

28. 2.54
    + 5.40

29. 7.01
    + 8.26

30. 2.15
    + 6.58

Exercise 13

1.　　0.068
　　+ 0.087

2.　　0.039
　　+ 0.085

3.　　0.085
　　+ 0.023

4.　　0.021
　　+ 0.037

5.　　0.056
　　+ 0.032

6.　　0.094
　　+ 0.024

7.　　0.092
　　+ 0.085

8.　　0.063
　　+ 0.088

9.　　0.044
　　+ 0.063

10.　　0.055
　　+ 0.051

11.　　0.013
　　+ 0.037

12.　　0.074
　　+ 0.042

13.　　0.071
　　+ 0.097

14.　　0.032
　　+ 0.054

15.　　0.076
　　+ 0.078

16.　　0.030
　　+ 0.068

17.　　0.076
　　+ 0.020

18.　　0.037
　　+ 0.026

19.　　0.044
　　+ 0.012

20.　　0.029
　　+ 0.097

21.　　0.020
　　+ 0.072

22.　　0.041
　　+ 0.072

23.　　0.063
　　+ 0.023

24.　　0.043
　　+ 0.062

25.　　0.045
　　+ 0.045

26.　　0.042
　　+ 0.092

27.　　0.060
　　+ 0.042

28.　　0.067
　　+ 0.092

29.　　0.027
　　+ 0.077

30.　　0.078
　　+ 0.024

Exercise 14

1. 0.069
  + 0.058

2. 0.088
  + 0.022

3. 0.057
  + 0.034

4. 0.051
  + 0.087

5. 0.077
  + 0.042

6. 0.036
  + 0.041

7. 0.029
  + 0.042

8. 0.031
  + 0.016

9. 0.081
  + 0.066

10. 0.065
  + 0.066

11. 0.053
  + 0.082

12. 0.054
  + 0.086

13. 0.058
  + 0.050

14. 0.011
  + 0.090

15. 0.085
  + 0.029

16. 0.039
  + 0.028

17. 0.045
  + 0.015

18. 0.032
  + 0.027

19. 0.095
  + 0.031

20. 0.029
  + 0.072

21. 0.074
  + 0.096

22. 0.089
  + 0.070

23. 0.030
  + 0.061

24. 0.017
  + 0.082

25. 0.064
  + 0.034

26. 0.064
  + 0.072

27. 0.068
  + 0.048

28. 0.074
  + 0.048

29. 0.068
  + 0.062

30. 0.070
  + 0.038

Exercise 15

1. 0.040
    + 0.042

2. 0.018
    + 0.051

3. 0.027
    + 0.052

4. 0.032
    + 0.018

5. 0.072
    + 0.046

6. 0.079
    + 0.011

7. 0.038
    + 0.014

8. 0.030
    + 0.093

9. 0.018
    + 0.024

10. 0.062
    + 0.021

11. 0.098
    + 0.081

12. 0.026
    + 0.064

13. 0.045
    + 0.049

14. 0.077
    + 0.073

15. 0.047
    + 0.046

16. 0.082
    + 0.066

17. 0.030
    + 0.081

18. 0.024
    + 0.097

19. 0.058
    + 0.053

20. 0.096
    + 0.093

21. 0.074
    + 0.035

22. 0.017
    + 0.029

23. 0.098
    + 0.044

24. 0.030
    + 0.032

25. 0.047
    + 0.072

26. 0.074
    + 0.099

27. 0.035
    + 0.038

28. 0.045
    + 0.064

29. 0.037
    + 0.013

30. 0.054
    + 0.062

Exercise 16

1.   0.499
   + 0.212

2.   0.703
   + 0.699

3.   0.853
   + 0.758

4.   0.584
   + 0.340

5.   0.227
   + 0.258

6.   0.310
   + 0.640

7.   0.791
   + 0.812

8.   0.821
   + 0.184

9.   0.616
   + 0.714

10.   0.315
    + 0.948

11.   0.583
    + 0.658

12.   0.807
    + 0.295

13.   0.253
    + 0.378

14.   0.106
    + 0.246

15.   0.803
    + 0.132

16.   0.231
    + 0.283

17.   0.162
    + 0.772

18.   0.401
    + 0.293

19.   0.225
    + 0.173

20.   0.274
    + 0.225

21.   0.590
    + 0.695

22.   0.679
    + 0.341

23.   0.840
    + 0.634

24.   0.875
    + 0.826

25.   0.212
    + 0.463

26.   0.876
    + 0.423

27.   0.430
    + 0.469

28.   0.100
    + 0.491

29.   0.155
    + 0.427

30.   0.255
    + 0.317

Exercise 17

1. 0.944
    + 0.674

2. 0.675
    + 0.285

3. 0.753
    + 0.133

4. 0.349
    + 0.789

5. 0.633
    + 0.405

6. 0.452
    + 0.679

7. 0.350
    + 0.387

8. 0.610
    + 0.750

9. 0.948
    + 0.105

10. 0.553
    + 0.785

11. 0.385
    + 0.529

12. 0.595
    + 0.694

13. 0.631
    + 0.506

14. 0.397
    + 0.623

15. 0.966
    + 0.459

16. 0.825
    + 0.210

17. 0.923
    + 0.173

18. 0.573
    + 0.106

19. 0.572
    + 0.645

20. 0.844
    + 0.535

21. 0.779
    + 0.945

22. 0.596
    + 0.565

23. 0.800
    + 0.577

24. 0.643
    + 0.593

25. 0.280
    + 0.410

26. 0.805
    + 0.311

27. 0.576
    + 0.993

28. 0.874
    + 0.825

29. 0.207
    + 0.521

30. 0.762
    + 0.254

Exercise 18

1. 0.194
  + 0.298

2. 0.653
  + 0.412

3. 0.563
  + 0.984

4. 0.761
  + 0.994

5. 0.682
  + 0.104

6. 0.377
  + 0.963

7. 0.670
  + 0.331

8. 0.399
  + 0.801

9. 0.468
  + 0.392

10. 0.949
   + 0.254

11. 0.758
   + 0.636

12. 0.457
   + 0.626

13. 0.981
   + 0.662

14. 0.314
   + 0.364

15. 0.110
   + 0.156

16. 0.966
   + 0.901

17. 0.575
   + 0.666

18. 0.950
   + 0.284

19. 0.916
   + 0.882

20. 0.508
   + 0.685

21. 0.709
   + 0.667

22. 0.763
   + 0.471

23. 0.615
   + 0.543

24. 0.734
   + 0.766

25. 0.573
   + 0.687

26. 0.876
   + 0.947

27. 0.240
   + 0.196

28. 0.250
   + 0.641

29. 0.568
   + 0.706

30. 0.194
   + 0.473

Name: _____ Date: _____ Score: _____

1. 2.673 + 1.630	2. 4.026 + 1.773	3. 5.570 + 5.509	4. 2.534 + 9.178	5. 4.649 + 8.298
6. 7.841 + 5.030	7. 4.344 + 4.953	8. 8.098 + 3.938	9. 4.594 + 1.365	10. 1.409 + 8.665
11. 4.397 + 5.357	12. 7.324 + 9.658	13. 1.829 + 6.906	14. 6.170 + 8.061	15. 9.601 + 6.095
16. 4.128 + 7.027	17. 6.698 + 4.217	18. 9.528 + 7.861	19. 5.030 + 7.034	20. 1.292 + 7.995
21. 7.960 + 6.080	22. 5.538 + 1.262	23. 2.588 + 9.698	24. 1.123 + 4.171	25. 5.393 + 2.494
26. 3.428 + 3.521	27. 3.802 + 9.015	28. 9.673 + 6.732	29. 8.313 + 8.445	30. 8.782 + 8.586

Exercise 20

1. 9.777 + 9.767	2. 1.414 + 9.742	3. 1.374 + 7.500	4. 5.133 + 4.191	5. 5.769 + 9.207
6. 2.916 + 9.473	7. 8.804 + 5.165	8. 5.224 + 6.361	9. 8.156 + 3.935	10. 6.569 + 9.810
11. 4.993 + 3.775	12. 3.852 + 6.921	13. 5.906 + 2.765	14. 9.727 + 6.470	15. 6.177 + 5.900
16. 5.441 + 1.243	17. 4.657 + 9.250	18. 4.537 + 4.010	19. 4.246 + 2.924	20. 2.527 + 7.285
21. 1.898 + 2.725	22. 5.038 + 8.820	23. 1.408 + 7.972	24. 2.488 + 3.810	25. 6.541 + 7.607
26. 9.669 + 8.698	27. 3.464 + 4.922	28. 6.032 + 3.947	29. 3.344 + 2.697	30. 1.386 + 9.532

Exercise 21

1. 9.236 + 9.892	2. 2.333 + 4.805	3. 5.918 + 8.000	4. 6.252 + 8.179	5. 4.131 + 1.462
6. 1.892 + 4.665	7. 3.192 + 7.014	8. 7.949 + 7.687	9. 6.220 + 5.007	10. 4.472 + 5.152
11. 3.289 + 2.684	12. 1.595 + 5.443	13. 1.529 + 8.612	14. 6.174 + 8.863	15. 8.634 + 4.741
16. 7.123 + 9.905	17. 2.601 + 3.412	18. 6.365 + 8.608	19. 6.777 + 1.511	20. 4.872 + 7.414
21. 9.786 + 4.947	22. 9.706 + 4.764	23. 1.451 + 2.959	24. 4.580 + 4.213	25. 9.318 + 5.413
26. 9.237 + 6.570	27. 9.805 + 5.889	28. 4.075 + 8.806	29. 5.468 + 7.315	30. 5.381 + 7.891

Exercise 22

1.   2.606
  + 0.008

2.   35.2
  +   0.8

3.   2.61
  + 18.83

4.   9.4
  + 5.3

5.   0.6
  + 53.8

6.   7.500
  + 0.006

7.   559.1
  +   18.2

8.   0.005
  + 0.039

9.   5.39
  + 71.92

10.   0.03
  + 53.25

11.   0.37
  + 0.04

12.   0.08
  + 7.79

13.   40.6
  + 162.6

14.   8.190
  + 0.003

15.   0.006
  + 0.003

16.   15.6
  + 144.1

17.   548.1
  +   90.4

18.   662.7
  +   7.6

19.   2.55
  + 0.06

20.   0.786
  + 0.089

21.   9.371
  + 0.079

22.   30.6
  + 80.0

23.   0.075
  + 0.517

24.   0.7
  + 445.6

25.   0.108
  + 0.065

26.   0.76
  + 97.65

27.   139.7
  +   6.6

28.   507.5
  +   40.1

29.   0.002
  + 0.069

30.   0.986
  + 0.068

Exercise 23

1. 9.241 + 8.928	2. 0.98 + 0.45	3. 0.9 + 108.8	4. 8.32 + 31.44	5. 1.394 + 9.311	

6. 1.16 + 0.05	7. 0.151 + 0.049	8. 0.6 + 62.1	9. 0.051 + 0.327	10. 43.01 + 50.01

11. 93.8 + 924.7	12. 9.162 + 6.155	13. 5.6 + 98.9	14. 0.001 + 0.077	15. 5.212 + 0.004

16. 0.120 + 0.004	17. 2.6 + 16.2	18. 0.06 + 0.54	19. 0.47 + 0.82	20. 0.003 + 0.846

21. 0.007 + 0.006	22. 740.1 + 3.2	23. 9.385 + 0.052	24. 0.04 + 6.04	25. 0.492 + 0.680

26. 0.8 + 7.8	27. 0.003 + 0.699	28. 0.694 + 0.639	29. 3.831 + 0.009	30. 5.998 + 0.596

Name: _____ Date: _____ Score: _____

Exercise 24

1. 909.1 + 452.8	2. 0.548 + 0.008	3. 0.484 + 3.288	4. 4.46 + 0.02	5. 813.5 + 72.1
6. 0.8 + 6.6	7. 935.3 + 4.9	8. 0.845 + 0.044	9. 0.046 + 0.024	10. 0.5 + 9.1
11. 0.002 + 0.001	12. 4.78 + 9.70	13. 0.217 + 0.076	14. 0.007 + 0.090	15. 34.7 + 6.9
16. 0.07 + 0.07	17. 0.04 + 26.42	18. 0.08 + 47.64	19. 77.0 + 10.6	20. 3.253 + 0.005
21. 0.5 + 55.4	22. 0.64 + 0.60	23. 4.617 + 0.960	24. 0.6 + 380.8	25. 42.54 + 21.89
26. 6.0 + 872.5	27. 0.09 + 0.03	28. 0.5 + 0.4	29. 0.7 + 5.1	30. 0.4 + 7.1

Exercise 25

1.   0.2
  − 0.2

2.   0.9
  − 0.3

3.   0.8
  − 0.7

4.   0.9
  − 0.4

5.   0.7
  − 0.7

6.   0.6
  − 0.5

7.   0.7
  − 0.5

8.   0.9
  − 0.1

9.   0.3
  − 0.3

10.   0.7
  − 0.3

11.   0.5
  − 0.3

12.   0.4
  − 0.2

13.   0.4
  − 0.1

14.   0.1
  − 0.1

15.   0.9
  − 0.2

16.   0.5
  − 0.1

17.   0.8
  − 0.3

18.   0.3
  − 0.1

19.   0.9
  − 0.8

20.   0.6
  − 0.1

21.   0.5
  − 0.2

22.   0.8
  − 0.6

23.   0.9
  − 0.7

24.   0.8
  − 0.2

25.   0.5
  − 0.4

26.   0.4
  − 0.4

27.   0.6
  − 0.2

28.   0.8
  − 0.8

29.   0.7
  − 0.2

30.   0.7
  − 0.4

Exercise 26

1.   0.7
    − 0.3

2.   0.6
    − 0.5

3.   0.8
    − 0.4

4.   0.9
    − 0.6

5.   0.7
    − 0.4

6.   0.9
    − 0.4

7.   0.5
    − 0.4

8.   0.4
    − 0.2

9.   0.8
    − 0.3

10.   0.6
    − 0.6

11.   0.4
    − 0.3

12.   0.4
    − 0.1

13.   0.9
    − 0.5

14.   0.5
    − 0.3

15.   0.6
    − 0.3

16.   0.7
    − 0.5

17.   0.5
    − 0.5

18.   0.8
    − 0.6

19.   0.2
    − 0.2

20.   0.8
    − 0.5

21.   0.9
    − 0.7

22.   0.9
    − 0.2

23.   0.6
    − 0.1

24.   0.8
    − 0.8

25.   0.8
    − 0.7

26.   0.5
    − 0.1

27.   0.9
    − 0.8

28.   0.7
    − 0.6

29.   0.3
    − 0.2

30.   0.2
    − 0.1

Exercise 27

1.   0.8
  − 0.2

2.   0.4
  − 0.4

3.   0.4
  − 0.3

4.   0.2
  − 0.2

5.   0.6
  − 0.6

6.   0.7
  − 0.1

7.   0.5
  − 0.5

8.   0.6
  − 0.1

9.   0.9
  − 0.8

10.   0.8
  − 0.3

11.   0.4
  − 0.2

12.   0.8
  − 0.5

13.   0.7
  − 0.7

14.   0.9
  − 0.2

15.   0.9
  − 0.4

16.   0.6
  − 0.5

17.   0.8
  − 0.1

18.   0.7
  − 0.6

19.   0.7
  − 0.4

20.   0.8
  − 0.7

21.   0.5
  − 0.2

22.   0.6
  − 0.2

23.   0.8
  − 0.8

24.   0.7
  − 0.5

25.   0.3
  − 0.1

26.   0.1
  − 0.1

27.   0.9
  − 0.7

28.   0.4
  − 0.1

29.   0.3
  − 0.2

30.   0.6
  − 0.3

Exercise 28

1. 9.4
    − 1.0

2. 8.9
    − 6.8

3. 9.5
    − 3.9

4. 3.5
    − 1.7

5. 2.6
    − 1.8

6. 3.4
    − 3.3

7. 6.3
    − 4.4

8. 6.1
    − 5.4

9. 6.6
    − 2.3

10. 8.9
    − 1.4

11. 5.2
    − 5.1

12. 3.7
    − 2.7

13. 8.0
    − 6.8

14. 6.9
    − 4.3

15. 9.7
    − 1.8

16. 8.3
    − 5.7

17. 2.9
    − 1.3

18. 7.4
    − 7.1

19. 9.8
    − 2.2

20. 7.7
    − 5.6

21. 9.2
    − 2.1

22. 3.4
    − 1.6

23. 6.3
    − 1.5

24. 9.8
    − 7.7

25. 4.8
    − 2.8

26. 7.3
    − 5.2

27. 6.4
    − 1.9

28. 6.5
    − 5.1

29. 7.8
    − 6.6

30. 6.2
    − 1.9

Exercise 29

1. 8.6
   − 5.0

2. 6.1
   − 4.6

3. 5.3
   − 2.2

4. 5.1
   − 3.6

5. 9.4
   − 4.5

6. 8.1
   − 3.5

7. 9.2
   − 3.5

8. 3.0
   − 2.2

9. 6.4
   − 1.4

10. 6.9
   − 6.2

11. 5.1
   − 1.3

12. 6.9
   − 1.2

13. 8.1
   − 7.7

14. 4.7
   − 3.7

15. 6.9
   − 4.0

16. 1.2
   − 1.0

17. 8.4
   − 6.5

18. 6.6
   − 5.6

19. 8.5
   − 1.8

20. 2.9
   − 1.9

21. 7.1
   − 1.1

22. 7.0
   − 5.2

23. 8.7
   − 3.8

24. 1.7
   − 1.0

25. 4.3
   − 3.9

26. 5.1
   − 4.3

27. 9.1
   − 6.3

28. 8.9
   − 6.5

29. 9.3
   − 6.9

30. 9.2
   − 4.3

Exercise 30

1. 9.0
  − 6.9

2. 9.8
  − 3.1

3. 7.0
  − 1.5

4. 1.6
  − 1.3

5. 9.1
  − 7.7

6. 5.5
  − 4.5

7. 5.2
  − 2.8

8. 4.8
  − 1.9

9. 5.2
  − 3.0

10. 6.3
  − 1.5

11. 1.9
  − 1.9

12. 9.0
  − 3.3

13. 5.3
  − 3.5

14. 8.3
  − 7.7

15. 7.9
  − 2.9

16. 4.9
  − 1.9

17. 1.6
  − 1.6

18. 9.4
  − 2.8

19. 6.7
  − 6.5

20. 9.5
  − 4.2

21. 8.6
  − 3.2

22. 9.1
  − 2.7

23. 6.5
  − 6.5

24. 8.1
  − 6.6

25. 2.5
  − 2.1

26. 4.2
  − 4.1

27. 8.0
  − 2.0

28. 3.3
  − 2.6

29. 7.5
  − 2.7

30. 9.2
  − 6.6

Exercise 31

1. 0.07 − 0.04	2. 0.04 − 0.03	3. 0.03 − 0.01	4. 0.06 − 0.04	5. 0.08 − 0.04
6. 0.08 − 0.03	7. 0.07 − 0.07	8. 0.08 − 0.07	9. 0.03 − 0.02	10. 0.06 − 0.03
11. 0.08 − 0.05	12. 0.08 − 0.06	13. 0.09 − 0.03	14. 0.08 − 0.02	15. 0.05 − 0.03
16. 0.06 − 0.06	17. 0.07 − 0.03	18. 0.02 − 0.01	19. 0.09 − 0.06	20. 0.06 − 0.02
21. 0.05 − 0.05	22. 0.07 − 0.01	23. 0.06 − 0.05	24. 0.09 − 0.01	25. 0.08 − 0.08
26. 0.05 − 0.01	27. 0.07 − 0.06	28. 0.07 − 0.02	29. 0.09 − 0.05	30. 0.04 − 0.02

Name: _____ Date: _____ Score: _____

Exercise 32

1. 0.09
  − 0.07

2. 0.06
  − 0.02

3. 0.02
  − 0.02

4. 0.09
  − 0.05

5. 0.08
  − 0.07

6. 0.07
  − 0.03

7. 0.06
  − 0.03

8. 0.04
  − 0.03

9. 0.07
  − 0.04

10. 0.08
  − 0.02

11. 0.06
  − 0.04

12. 0.09
  − 0.04

13. 0.07
  − 0.05

14. 0.07
  − 0.02

15. 0.05
  − 0.04

16. 0.09
  − 0.03

17. 0.07
  − 0.01

18. 0.08
  − 0.08

19. 0.08
  − 0.03

20. 0.06
  − 0.05

21. 0.04
  − 0.04

22. 0.09
  − 0.09

23. 0.06
  − 0.01

24. 0.09
  − 0.02

25. 0.09
  − 0.06

26. 0.04
  − 0.01

27. 0.08
  − 0.06

28. 0.01
  − 0.01

29. 0.08
  − 0.04

30. 0.08
  − 0.05

Exercise 33

1. $\begin{array}{r} 0.08 \\ -\ 0.01 \\ \hline \end{array}$
2. $\begin{array}{r} 0.04 \\ -\ 0.04 \\ \hline \end{array}$
3. $\begin{array}{r} 0.07 \\ -\ 0.05 \\ \hline \end{array}$
4. $\begin{array}{r} 0.07 \\ -\ 0.04 \\ \hline \end{array}$
5. $\begin{array}{r} 0.09 \\ -\ 0.04 \\ \hline \end{array}$

6. $\begin{array}{r} 0.07 \\ -\ 0.01 \\ \hline \end{array}$
7. $\begin{array}{r} 0.08 \\ -\ 0.07 \\ \hline \end{array}$
8. $\begin{array}{r} 0.09 \\ -\ 0.05 \\ \hline \end{array}$
9. $\begin{array}{r} 0.08 \\ -\ 0.06 \\ \hline \end{array}$
10. $\begin{array}{r} 0.09 \\ -\ 0.03 \\ \hline \end{array}$

11. $\begin{array}{r} 0.09 \\ -\ 0.06 \\ \hline \end{array}$
12. $\begin{array}{r} 0.02 \\ -\ 0.02 \\ \hline \end{array}$
13. $\begin{array}{r} 0.06 \\ -\ 0.03 \\ \hline \end{array}$
14. $\begin{array}{r} 0.08 \\ -\ 0.02 \\ \hline \end{array}$
15. $\begin{array}{r} 0.09 \\ -\ 0.07 \\ \hline \end{array}$

16. $\begin{array}{r} 0.08 \\ -\ 0.08 \\ \hline \end{array}$
17. $\begin{array}{r} 0.07 \\ -\ 0.03 \\ \hline \end{array}$
18. $\begin{array}{r} 0.05 \\ -\ 0.03 \\ \hline \end{array}$
19. $\begin{array}{r} 0.06 \\ -\ 0.04 \\ \hline \end{array}$
20. $\begin{array}{r} 0.07 \\ -\ 0.02 \\ \hline \end{array}$

21. $\begin{array}{r} 0.05 \\ -\ 0.01 \\ \hline \end{array}$
22. $\begin{array}{r} 0.06 \\ -\ 0.02 \\ \hline \end{array}$
23. $\begin{array}{r} 0.04 \\ -\ 0.01 \\ \hline \end{array}$
24. $\begin{array}{r} 0.08 \\ -\ 0.03 \\ \hline \end{array}$
25. $\begin{array}{r} 0.06 \\ -\ 0.06 \\ \hline \end{array}$

26. $\begin{array}{r} 0.09 \\ -\ 0.01 \\ \hline \end{array}$
27. $\begin{array}{r} 0.05 \\ -\ 0.02 \\ \hline \end{array}$
28. $\begin{array}{r} 0.08 \\ -\ 0.04 \\ \hline \end{array}$
29. $\begin{array}{r} 0.02 \\ -\ 0.01 \\ \hline \end{array}$
30. $\begin{array}{r} 0.08 \\ -\ 0.05 \\ \hline \end{array}$

Exercise 34

1.   7.88
   − 2.37
	2. 2.16
	   − 1.60
		3. 9.63
		   − 5.37
			4. 7.34
			   − 5.64
				5. 6.18
				   − 1.88

6.   5.70
   − 4.53
	7. 8.38
	   − 7.68
		8. 8.88
		   − 5.93
			9. 7.29
			   − 4.11
				10. 7.97
				   − 5.85

11.   7.95
   − 7.73
	12. 1.67
	   − 1.22
		13. 2.81
		   − 1.35
			14. 3.87
			   − 2.77
				15. 7.73
				   − 6.35

16.   7.28
   − 2.72
	17. 7.48
	   − 2.64
		18. 8.94
		   − 6.13
			19. 3.64
			   − 2.90
				20. 4.70
				   − 2.33

21.   8.66
   − 7.72
	22. 9.86
	   − 1.87
		23. 6.59
		   − 5.39
			24. 9.88
			   − 3.96
				25. 2.97
				   − 1.05

26.   5.96
   − 5.38
	27. 8.01
	   − 5.93
		28. 9.29
		   − 5.34
			29. 9.66
			   − 9.59
				30. 7.95
				   − 1.70

Exercise 35

1. 9.21
    − 6.90

2. 5.50
    − 4.20

3. 7.05
    − 4.89

4. 7.14
    − 6.96

5. 5.24
    − 3.10

6. 5.95
    − 2.51

7. 7.56
    − 4.24

8. 4.87
    − 1.84

9. 7.96
    − 6.17

10. 6.28
    − 2.88

11. 4.87
    − 2.56

12. 8.86
    − 2.46

13. 7.66
    − 2.24

14. 9.29
    − 8.72

15. 7.60
    − 4.50

16. 8.02
    − 3.66

17. 8.42
    − 7.70

18. 7.40
    − 5.18

19. 6.23
    − 1.88

20. 9.32
    − 4.50

21. 5.74
    − 3.68

22. 8.80
    − 6.06

23. 7.60
    − 6.33

24. 2.87
    − 1.37

25. 7.49
    − 1.97

26. 8.14
    − 7.91

27. 8.94
    − 8.57

28. 8.86
    − 1.23

29. 9.91
    − 9.69

30. 9.92
    − 4.13

Exercise 36

1. 9.85
  − 9.66

2. 8.34
  − 7.55

3. 7.69
  − 7.35

4. 7.45
  − 4.85

5. 7.30
  − 5.82

6. 6.41
  − 6.29

7. 5.10
  − 1.30

8. 6.64
  − 2.43

9. 8.96
  − 4.56

10. 9.78
  − 2.35

11. 9.82
  − 7.71

12. 3.52
  − 3.19

13. 8.24
  − 2.25

14. 8.93
  − 5.82

15. 6.29
  − 5.10

16. 8.61
  − 5.58

17. 8.57
  − 7.49

18. 7.76
  − 6.34

19. 5.36
  − 3.94

20. 6.32
  − 5.11

21. 3.77
  − 2.91

22. 9.41
  − 9.19

23. 7.04
  − 6.35

24. 8.97
  − 1.27

25. 6.81
  − 3.91

26. 9.13
  − 6.02

27. 7.39
  − 4.89

28. 7.40
  − 5.29

29. 5.93
  − 4.82

30. 9.17
  − 5.45

Exercise 37

1.   0.081
  – 0.040
	2. 0.080
	  – 0.070
		3. 0.054
		  – 0.038
			4. 0.084
			  – 0.037
				5. 0.062
				  – 0.060

6.   0.081
  – 0.077
	7. 0.098
	  – 0.029
		8. 0.081
		  – 0.035
			9. 0.044
			  – 0.019
				10. 0.047
				  – 0.037

11.   0.043
  – 0.027
	12. 0.052
	  – 0.046
		13. 0.062
		  – 0.020
			14. 0.071
			  – 0.055
				15. 0.049
				  – 0.021

16.   0.086
  – 0.026
	17. 0.098
	  – 0.072
		18. 0.070
		  – 0.066
			19. 0.069
			  – 0.016
				20. 0.042
				  – 0.021

21.   0.093
  – 0.053
	22. 0.037
	  – 0.036
		23. 0.084
		  – 0.026
			24. 0.087
			  – 0.036
				25. 0.070
				  – 0.036

26.   0.050
  – 0.028
	27. 0.076
	  – 0.033
		28. 0.096
		  – 0.089
			29. 0.083
			  – 0.033
				30. 0.090
				  – 0.030

Exercise 38

1. 0.088
    − 0.061

2. 0.067
    − 0.045

3. 0.091
    − 0.090

4. 0.075
    − 0.016

5. 0.068
    − 0.051

6. 0.021
    − 0.017

7. 0.086
    − 0.072

8. 0.059
    − 0.016

9. 0.064
    − 0.042

10. 0.084
    − 0.071

11. 0.064
    − 0.061

12. 0.047
    − 0.013

13. 0.092
    − 0.067

14. 0.040
    − 0.014

15. 0.046
    − 0.037

16. 0.076
    − 0.021

17. 0.066
    − 0.030

18. 0.087
    − 0.012

19. 0.098
    − 0.037

20. 0.066
    − 0.036

21. 0.098
    − 0.067

22. 0.068
    − 0.042

23. 0.069
    − 0.066

24. 0.041
    − 0.017

25. 0.070
    − 0.058

26. 0.095
    − 0.048

27. 0.072
    − 0.037

28. 0.067
    − 0.051

29. 0.062
    − 0.016

30. 0.046
    − 0.020

Exercise 39

1.   0.081
    − 0.014

2.   0.030
    − 0.025

3.   0.060
    − 0.035

4.   0.054
    − 0.013

5.   0.099
    − 0.072

6.   0.083
    − 0.033

7.   0.057
    − 0.016

8.   0.044
    − 0.034

9.   0.093
    − 0.065

10.   0.081
    − 0.013

11.   0.095
    − 0.019

12.   0.081
    − 0.079

13.   0.092
    − 0.067

14.   0.056
    − 0.056

15.   0.052
    − 0.034

16.   0.079
    − 0.032

17.   0.071
    − 0.045

18.   0.097
    − 0.075

19.   0.069
    − 0.025

20.   0.067
    − 0.056

21.   0.091
    − 0.019

22.   0.056
    − 0.022

23.   0.079
    − 0.034

24.   0.036
    − 0.022

25.   0.075
    − 0.070

26.   0.085
    − 0.021

27.   0.059
    − 0.023

28.   0.068
    − 0.064

29.   0.072
    − 0.016

30.   0.075
    − 0.047

Exercise 40

1.	0.342 − 0.329	2.	0.813 − 0.255	3.	0.835 − 0.450	4.	0.651 − 0.329	5.	0.874 − 0.327
6.	0.309 − 0.193	7.	0.710 − 0.357	8.	0.840 − 0.604	9.	0.834 − 0.668	10.	0.595 − 0.402
11.	0.595 − 0.517	12.	0.919 − 0.760	13.	0.989 − 0.430	14.	0.993 − 0.588	15.	0.945 − 0.369
16.	0.827 − 0.391	17.	0.328 − 0.252	18.	0.771 − 0.147	19.	0.974 − 0.336	20.	0.805 − 0.725
21.	0.564 − 0.352	22.	0.762 − 0.737	23.	0.574 − 0.304	24.	0.702 − 0.504	25.	0.626 − 0.329
26.	0.897 − 0.246	27.	0.855 − 0.235	28.	0.633 − 0.401	29.	0.961 − 0.466	30.	0.922 − 0.252

Exercise 41

1. 0.521
  − 0.438

2. 0.665
  − 0.645

3. 0.744
  − 0.600

4. 0.683
  − 0.603

5. 0.811
  − 0.698

6. 0.484
  − 0.138

7. 0.445
  − 0.207

8. 0.661
  − 0.610

9. 0.223
  − 0.199

10. 0.977
  − 0.603

11. 0.337
  − 0.213

12. 0.928
  − 0.670

13. 0.550
  − 0.266

14. 0.711
  − 0.537

15. 0.275
  − 0.103

16. 0.888
  − 0.413

17. 0.776
  − 0.757

18. 0.765
  − 0.282

19. 0.785
  − 0.619

20. 0.907
  − 0.163

21. 0.762
  − 0.249

22. 0.653
  − 0.278

23. 0.992
  − 0.786

24. 0.912
  − 0.862

25. 0.437
  − 0.396

26. 0.589
  − 0.185

27. 0.503
  − 0.437

28. 0.379
  − 0.241

29. 0.987
  − 0.844

30. 0.827
  − 0.307

Exercise 42

1.   0.529
  − 0.283

2.   0.423
  − 0.176

3.   0.290
  − 0.239

4.   0.377
  − 0.129

5.   0.900
  − 0.747

6.   0.715
  − 0.587

7.   0.353
  − 0.136

8.   0.574
  − 0.319

9.   0.291
  − 0.113

10.   0.977
  − 0.907

11.   0.871
  − 0.524

12.   0.377
  − 0.264

13.   0.677
  − 0.125

14.   0.967
  − 0.205

15.   0.662
  − 0.418

16.   0.612
  − 0.312

17.   0.694
  − 0.514

18.   0.817
  − 0.326

19.   0.609
  − 0.352

20.   0.979
  − 0.563

21.   0.758
  − 0.410

22.   0.846
  − 0.720

23.   0.428
  − 0.132

24.   0.956
  − 0.813

25.   0.284
  − 0.134

26.   0.951
  − 0.489

27.   0.651
  − 0.606

28.   0.648
  − 0.526

29.   0.704
  − 0.234

30.   0.570
  − 0.506

Exercise 43

1. 9.214 − 7.433	2. 2.446 − 1.129	3. 9.175 − 2.618	4. 9.671 − 8.032	5. 8.337 − 6.065
6. 5.188 − 3.297	7. 7.816 − 3.933	8. 7.798 − 6.686	9. 4.592 − 1.679	10. 7.183 − 1.906
11. 7.920 − 2.497	12. 8.906 − 4.315	13. 5.638 − 4.595	14. 4.485 − 3.526	15. 8.524 − 6.281
16. 9.635 − 5.759	17. 5.510 − 2.210	18. 7.131 − 6.855	19. 7.965 − 2.659	20. 8.359 − 3.667
21. 6.113 − 4.813	22. 6.996 − 1.656	23. 7.779 − 2.303	24. 3.974 − 1.722	25. 4.526 − 2.066
26. 3.154 − 2.423	27. 9.874 − 7.979	28. 4.591 − 1.196	29. 7.978 − 4.207	30. 8.881 − 1.676

Exercise 44

1. 9.836
   − 8.459

2. 6.247
   − 6.206

3. 7.506
   − 4.237

4. 7.951
   − 3.535

5. 9.403
   − 2.343

6. 8.070
   − 5.178

7. 7.419
   − 1.059

8. 1.603
   − 1.086

9. 7.096
   − 1.156

10. 2.343
    − 1.530

11. 8.671
    − 6.779

12. 6.282
    − 3.639

13. 9.183
    − 5.725

14. 8.403
    − 3.048

15. 9.109
    − 3.786

16. 6.399
    − 3.328

17. 6.817
    − 3.626

18. 5.471
    − 2.539

19. 6.438
    − 1.754

20. 4.764
    − 4.435

21. 9.999
    − 3.121

22. 9.990
    − 1.318

23. 9.637
    − 7.761

24. 6.333
    − 3.343

25. 8.310
    − 6.202

26. 8.493
    − 3.688

27. 9.856
    − 5.534

28. 9.433
    − 6.854

29. 9.706
    − 4.776

30. 6.243
    − 2.283

Exercise 45

1.   8.801
  − 6.132
	2. 6.257
	  − 1.576
		3. 5.365
		  − 1.782
			4. 4.659
			  − 3.862
				5. 6.349
				  − 5.794

6.   7.462
  − 1.292
	7. 9.129
	  − 7.629
		8. 6.048
		  − 4.508
			9. 7.433
			  − 5.787
				10. 9.270
				  − 7.751

11.   4.764
  − 1.209
	12. 7.153
	  − 6.635
		13. 5.788
		  − 2.963
			14. 9.828
			  − 8.894
				15. 6.918
				  − 6.792

16.   3.681
  − 2.841
	17. 8.360
	  − 6.090
		18. 4.638
		  − 3.519
			19. 9.353
			  − 5.589
				20. 4.832
				  − 4.603

21.   8.806
  − 1.043
	22. 3.828
	  − 2.095
		23. 8.035
		  − 5.869
			24. 4.290
			  − 1.362
				25. 3.954
				  − 3.592

26.   8.329
  − 5.867
	27. 8.283
	  − 5.484
		28. 7.191
		  − 6.352
			29. 9.806
			  − 8.476
				30. 5.877
				  − 3.407

Exercise 46

1.   0.045
    − 0.004

2.   91.71
    − 88.03

3.   0.88
    − 0.77

4.   3.403
    − 0.002

5.   0.5
    − 0.4

6.   0.338
    − 0.006

7.   0.12
    − 0.01

8.   7.32
    − 0.01

9.   53.8
    − 0.9

10.   8.0
    − 7.7

11.   7.461
    − 0.004

12.   8.7
    − 0.4

13.   0.008
    − 0.007

14.   351.8
    −   0.3

15.   5.5
    − 0.1

16.   0.9
    − 0.8

17.   0.08
    − 0.05

18.   0.421
    − 0.056

19.   10.9
    − 0.8

20.   1.505
    − 0.004

21.   5.697
    − 0.004

22.   0.2
    − 0.2

23.   6.81
    − 0.03

24.   848.5
    −   0.5

25.   0.761
    − 0.553

26.   64.63
    − 0.60

27.   99.34
    − 4.43

28.   19.60
    − 0.51

29.   8.934
    − 6.954

30.   47.0
    − 34.6

Exercise 47

1. 9.522
− 0.003

2. 89.3
− 8.4

3. 8.04
− 0.02

4. 8.4
− 5.9

5. 28.31
− 0.07

6. 94.6
− 5.5

7. 1.882
− 0.324

8. 0.43
− 0.07

9. 50.9
− 4.0

10. 0.060
− 0.007

11. 3.217
− 0.582

12. 3.61
− 0.08

13. 5.9
− 0.4

14. 0.045
− 0.008

15. 2.73
− 0.44

16. 6.49
− 0.44

17. 6.112
− 0.077

18. 624.6
− 0.5

19. 453.4
− 0.8

20. 249.1
− 6.1

21. 21.79
− 0.64

22. 66.75
− 1.24

23. 0.202
− 0.001

24. 70.58
− 0.52

25. 0.8
− 0.2

26. 0.591
− 0.047

27. 688.2
− 39.8

28. 0.174
− 0.009

29. 4.31
− 0.07

30. 641.4
− 43.5

Exercise 48

1. 9.156
  − 0.050

2. 0.004
  − 0.002

3. 2.95
  − 0.36

4. 5.638
  − 3.709

5. 48.07
  − 4.71

6. 4.462
  − 0.004

7. 8.989
  − 0.277

8. 0.569
  − 0.388

9. 4.231
  − 0.693

10. 7.77
  − 0.03

11. 0.061
  − 0.003

12. 0.687
  − 0.088

13. 6.248
  − 1.651

14. 95.86
  − 0.43

15. 413.9
  − 8.4

16. 0.08
  − 0.08

17. 10.94
  − 6.31

18. 9.1
  − 6.3

19. 442.4
  − 18.5

20. 5.285
  − 0.070

21. 0.039
  − 0.004

22. 78.02
  − 1.24

23. 0.004
  − 0.004

24. 0.32
  − 0.05

25. 86.8
  − 0.5

26. 0.474
  − 0.402

27. 965.0
  − 15.6

28. 37.37
  − 9.47

29. 19.87
  − 0.29

30. 66.00
  − 0.09

Exercise 49

1.	0.3 × 0.6	2.	0.8 × 0.8	3.	0.9 × 0.9	4.	0.4 × 0.5	5.	0.1 × 0.6
6.	0.4 × 0.7	7.	0.7 × 0.1	8.	0.6 × 0.6	9.	0.5 × 0.3	10.	0.4 × 0.2
11.	0.6 × 0.2	12.	0.5 × 0.4	13.	0.4 × 0.3	14.	0.5 × 0.7	15.	0.8 × 0.5
16.	0.3 × 0.9	17.	0.7 × 0.3	18.	0.2 × 0.2	19.	0.7 × 0.2	20.	0.8 × 0.7
21.	0.3 × 0.7	22.	0.3 × 0.4	23.	0.2 × 0.1	24.	0.6 × 0.7	25.	0.3 × 0.5

Exercise 50

1. $\begin{array}{r} 0.2 \\ \times\ 0.2 \\ \hline \end{array}$
2. $\begin{array}{r} 0.5 \\ \times\ 0.9 \\ \hline \end{array}$
3. $\begin{array}{r} 0.5 \\ \times\ 0.7 \\ \hline \end{array}$
4. $\begin{array}{r} 0.5 \\ \times\ 0.4 \\ \hline \end{array}$
5. $\begin{array}{r} 0.8 \\ \times\ 0.6 \\ \hline \end{array}$

6. $\begin{array}{r} 0.5 \\ \times\ 0.2 \\ \hline \end{array}$
7. $\begin{array}{r} 0.9 \\ \times\ 0.6 \\ \hline \end{array}$
8. $\begin{array}{r} 0.6 \\ \times\ 0.1 \\ \hline \end{array}$
9. $\begin{array}{r} 0.7 \\ \times\ 0.8 \\ \hline \end{array}$
10. $\begin{array}{r} 0.8 \\ \times\ 0.2 \\ \hline \end{array}$

11. $\begin{array}{r} 0.7 \\ \times\ 0.6 \\ \hline \end{array}$
12. $\begin{array}{r} 0.2 \\ \times\ 0.8 \\ \hline \end{array}$
13. $\begin{array}{r} 0.4 \\ \times\ 0.3 \\ \hline \end{array}$
14. $\begin{array}{r} 0.8 \\ \times\ 0.3 \\ \hline \end{array}$
15. $\begin{array}{r} 0.6 \\ \times\ 0.7 \\ \hline \end{array}$

16. $\begin{array}{r} 0.5 \\ \times\ 0.1 \\ \hline \end{array}$
17. $\begin{array}{r} 0.9 \\ \times\ 0.1 \\ \hline \end{array}$
18. $\begin{array}{r} 0.8 \\ \times\ 0.5 \\ \hline \end{array}$
19. $\begin{array}{r} 0.5 \\ \times\ 0.5 \\ \hline \end{array}$
20. $\begin{array}{r} 0.8 \\ \times\ 0.8 \\ \hline \end{array}$

21. $\begin{array}{r} 0.3 \\ \times\ 0.9 \\ \hline \end{array}$
22. $\begin{array}{r} 0.4 \\ \times\ 0.8 \\ \hline \end{array}$
23. $\begin{array}{r} 0.2 \\ \times\ 0.3 \\ \hline \end{array}$
24. $\begin{array}{r} 0.3 \\ \times\ 0.7 \\ \hline \end{array}$
25. $\begin{array}{r} 0.3 \\ \times\ 0.5 \\ \hline \end{array}$

Exercise 51

1. 0.4
    × 0.5

2. 0.1
    × 0.6

3. 0.2
    × 0.8

4. 0.5
    × 0.2

5. 0.5
    × 0.5

6. 0.5
    × 0.4

7. 0.6
    × 0.2

8. 0.1
    × 0.4

9. 0.4
    × 0.3

10. 0.2
    × 0.7

11. 0.8
    × 0.5

12. 0.2
    × 0.4

13. 0.1
    × 0.2

14. 0.6
    × 0.1

15. 0.2
    × 0.6

16. 0.3
    × 0.4

17. 0.3
    × 0.5

18. 0.7
    × 0.8

19. 0.2
    × 0.9

20. 0.2
    × 0.2

21. 0.3
    × 0.3

22. 0.1
    × 0.3

23. 0.6
    × 0.4

24. 0.4
    × 0.4

25. 0.5
    × 0.3

Exercise 52

1.　4.2
× 3.6

2.　4.5
× 6.3

3.　2.4
× 5.2

4.　6.2
× 3.3

5.　7.5
× 2.1

6.　7.1
× 3.9

7.　7.2
× 5.4

8.　9.2
× 3.5

9.　4.0
× 1.5

10.　5.4
× 1.1

11.　6.0
× 8.0

12.　9.4
× 8.3

13.　8.1
× 9.7

14.　6.7
× 7.2

15.　5.8
× 1.9

16.　6.6
× 8.5

17.　8.1
× 3.6

18.　4.4
× 2.3

19.　3.5
× 5.7

20.　9.5
× 7.0

21.　3.3
× 6.5

22.　6.9
× 8.9

23.　5.7
× 8.6

24.　4.6
× 6.0

25.　8.2
× 9.3

Exercise 53

1. 8.8
    × 9.7

2. 1.4
    × 5.5

3. 2.5
    × 2.3

4. 8.9
    × 8.8

5. 1.0
    × 3.4

6. 7.8
    × 7.1

7. 8.8
    × 4.0

8. 1.9
    × 8.4

9. 3.7
    × 4.8

10. 3.5
     × 8.1

11. 8.9
     × 4.8

12. 1.5
     × 8.6

13. 8.9
     × 7.0

14. 7.6
     × 8.6

15. 1.1
     × 7.7

16. 4.9
     × 5.8

17. 3.8
     × 1.9

18. 4.3
     × 8.4

19. 2.1
     × 6.6

20. 5.3
     × 7.4

21. 3.7
     × 7.7

22. 3.9
     × 2.1

23. 8.5
     × 3.4

24. 9.5
     × 3.4

25. 5.2
     × 8.7

Exercise 54

1. 7.9
    × 4.4

2. 2.4
    × 4.1

3. 6.9
    × 3.5

4. 1.3
    × 6.4

5. 6.3
    × 3.5

6. 6.1
    × 3.4

7. 7.7
    × 9.9

8. 1.5
    × 9.2

9. 8.9
    × 3.5

10. 3.8
    × 3.1

11. 1.5
    × 4.8

12. 4.4
    × 3.7

13. 7.6
    × 7.2

14. 2.5
    × 3.7

15. 3.0
    × 6.2

16. 4.4
    × 2.8

17. 8.6
    × 1.6

18. 5.4
    × 2.8

19. 6.1
    × 4.7

20. 5.7
    × 5.2

21. 6.5
    × 5.4

22. 3.3
    × 1.3

23. 3.7
    × 4.7

24. 9.1
    × 6.0

25. 5.7
    × 6.0

Exercise 55

1. 0.08
    × 0.06

2. 0.06
    × 0.02

3. 0.04
    × 0.06

4. 0.06
    × 0.01

5. 0.03
    × 0.01

6. 0.03
    × 0.04

7. 0.06
    × 0.03

8. 0.03
    × 0.03

9. 0.08
    × 0.09

10. 0.05
    × 0.01

11. 0.04
    × 0.04

12. 0.03
    × 0.07

13. 0.03
    × 0.05

14. 0.08
    × 0.05

15. 0.05
    × 0.06

16. 0.08
    × 0.08

17. 0.08
    × 0.04

18. 0.03
    × 0.06

19. 0.01
    × 0.04

20. 0.07
    × 0.07

21. 0.04
    × 0.05

22. 0.01
    × 0.02

23. 0.07
    × 0.02

24. 0.05
    × 0.08

25. 0.07
    × 0.05

Exercise 56

1.
$$0.03 \times 0.06$$

2.
$$0.07 \times 0.04$$

3.
$$0.03 \times 0.02$$

4.
$$0.02 \times 0.09$$

5.
$$0.05 \times 0.04$$

6.
$$0.07 \times 0.05$$

7.
$$0.08 \times 0.08$$

8.
$$0.02 \times 0.06$$

9.
$$0.07 \times 0.02$$

10.
$$0.02 \times 0.08$$

11.
$$0.03 \times 0.07$$

12.
$$0.06 \times 0.09$$

13.
$$0.06 \times 0.02$$

14.
$$0.04 \times 0.05$$

15.
$$0.01 \times 0.08$$

16.
$$0.08 \times 0.04$$

17.
$$0.05 \times 0.06$$

18.
$$0.07 \times 0.09$$

19.
$$0.06 \times 0.08$$

20.
$$0.03 \times 0.08$$

21.
$$0.06 \times 0.03$$

22.
$$0.08 \times 0.07$$

23.
$$0.02 \times 0.04$$

24.
$$0.04 \times 0.06$$

25.
$$0.02 \times 0.03$$

Exercise 57

1. $\begin{array}{r} 0.07 \\ \times\ 0.07 \\ \hline \end{array}$ 2. $\begin{array}{r} 0.08 \\ \times\ 0.03 \\ \hline \end{array}$ 3. $\begin{array}{r} 0.07 \\ \times\ 0.02 \\ \hline \end{array}$ 4. $\begin{array}{r} 0.02 \\ \times\ 0.04 \\ \hline \end{array}$ 5. $\begin{array}{r} 0.05 \\ \times\ 0.02 \\ \hline \end{array}$

6. $\begin{array}{r} 0.06 \\ \times\ 0.04 \\ \hline \end{array}$ 7. $\begin{array}{r} 0.02 \\ \times\ 0.09 \\ \hline \end{array}$ 8. $\begin{array}{r} 0.04 \\ \times\ 0.04 \\ \hline \end{array}$ 9. $\begin{array}{r} 0.06 \\ \times\ 0.09 \\ \hline \end{array}$ 10. $\begin{array}{r} 0.08 \\ \times\ 0.08 \\ \hline \end{array}$

11. $\begin{array}{r} 0.04 \\ \times\ 0.05 \\ \hline \end{array}$ 12. $\begin{array}{r} 0.02 \\ \times\ 0.08 \\ \hline \end{array}$ 13. $\begin{array}{r} 0.04 \\ \times\ 0.07 \\ \hline \end{array}$ 14. $\begin{array}{r} 0.08 \\ \times\ 0.07 \\ \hline \end{array}$ 15. $\begin{array}{r} 0.05 \\ \times\ 0.05 \\ \hline \end{array}$

16. $\begin{array}{r} 0.06 \\ \times\ 0.08 \\ \hline \end{array}$ 17. $\begin{array}{r} 0.03 \\ \times\ 0.08 \\ \hline \end{array}$ 18. $\begin{array}{r} 0.06 \\ \times\ 0.02 \\ \hline \end{array}$ 19. $\begin{array}{r} 0.09 \\ \times\ 0.04 \\ \hline \end{array}$ 20. $\begin{array}{r} 0.02 \\ \times\ 0.01 \\ \hline \end{array}$

21. $\begin{array}{r} 0.03 \\ \times\ 0.03 \\ \hline \end{array}$ 22. $\begin{array}{r} 0.09 \\ \times\ 0.01 \\ \hline \end{array}$ 23. $\begin{array}{r} 0.06 \\ \times\ 0.06 \\ \hline \end{array}$ 24. $\begin{array}{r} 0.06 \\ \times\ 0.03 \\ \hline \end{array}$ 25. $\begin{array}{r} 0.09 \\ \times\ 0.07 \\ \hline \end{array}$

Exercise 58

1.　6.31
　　× 6.15

2.　4.72
　　× 6.68

3.　2.71
　　× 2.43

4.　4.83
　　× 7.89

5.　4.73
　　× 9.15

6.　6.99
　　× 3.69

7.　7.49
　　× 5.34

8.　9.70
　　× 8.39

9.　8.87
　　× 8.77

10.　1.29
　　× 7.63

11.　4.31
　　× 3.55

12.　7.77
　　× 2.15

13.　8.53
　　× 4.67

14.　4.82
　　× 6.02

15.　7.27
　　× 7.14

16.　4.01
　　× 1.62

17.　5.21
　　× 4.17

18.　7.01
　　× 3.57

19.　7.69
　　× 1.20

20.　1.63
　　× 3.71

21.　8.25
　　× 1.41

22.　1.34
　　× 8.84

23.　3.52
　　× 5.72

24.　9.11
　　× 8.35

25.　3.26
　　× 3.58

Exercise 59

1. 5.50
    × 1.49

2. 2.44
    × 3.66

3. 2.86
    × 5.88

4. 6.62
    × 1.75

5. 4.43
    × 4.14

6. 2.02
    × 3.69

7. 7.22
    × 3.71

8. 7.33
    × 7.15

9. 2.87
    × 2.80

10. 1.01
    × 8.91

11. 9.65
    × 3.33

12. 9.46
    × 3.60

13. 7.27
    × 9.52

14. 6.79
    × 6.06

15. 8.14
    × 6.59

16. 5.97
    × 4.06

17. 9.40
    × 5.87

18. 3.68
    × 6.59

19. 5.54
    × 1.17

20. 3.91
    × 3.46

21. 6.35
    × 5.54

22. 8.29
    × 7.06

23. 2.23
    × 4.82

24. 6.63
    × 2.11

25. 4.01
    × 1.64

Exercise 60

1.   3.58
  × 7.99
	2. 9.69
	  × 4.85
		3. 3.89
		  × 8.86
			4. 4.00
			  × 3.69
				5. 2.52
				  × 1.05

6.   3.24
  × 6.54
	7. 3.70
	  × 7.50
		8. 7.10
		  × 1.84
			9. 8.44
			  × 6.34
				10. 3.91
				  × 1.90

11.   7.07
  × 9.26
	12. 8.83
	  × 3.03
		13. 9.51
		  × 1.90
			14. 7.68
			  × 4.64
				15. 6.25
				  × 5.32

16.   1.19
  × 8.69
	17. 1.67
	  × 4.46
		18. 6.51
		  × 1.91
			19. 6.51
			  × 9.04
				20. 7.88
				  × 1.25

21.   7.30
  × 5.60
	22. 7.40
	  × 2.28
		23. 3.59
		  × 2.47
			24. 2.43
			  × 6.13
				25. 1.83
				  × 6.64

Exercise 61

1.
  0.032
× 0.041

2.
  0.027
× 0.058

3.
  0.094
× 0.072

4.
  0.047
× 0.067

5.
  0.058
× 0.017

6.
  0.086
× 0.059

7.
  0.023
× 0.066

8.
  0.042
× 0.019

9.
  0.039
× 0.055

10.
  0.090
× 0.082

11.
  0.043
× 0.050

12.
  0.060
× 0.090

13.
  0.064
× 0.015

14.
  0.030
× 0.069

15.
  0.061
× 0.097

16.
  0.085
× 0.011

17.
  0.023
× 0.078

18.
  0.056
× 0.077

19.
  0.023
× 0.068

20.
  0.053
× 0.060

21.
  0.012
× 0.079

22.
  0.011
× 0.045

23.
  0.076
× 0.073

24.
  0.073
× 0.072

25.
  0.096
× 0.017

Exercise 62

1. 0.078 × 0.080	2. 0.077 × 0.088	3. 0.054 × 0.079	4. 0.066 × 0.032	5. 0.030 × 0.028
6. 0.034 × 0.054	7. 0.037 × 0.093	8. 0.034 × 0.012	9. 0.015 × 0.047	10. 0.042 × 0.046
11. 0.035 × 0.042	12. 0.052 × 0.019	13. 0.068 × 0.024	14. 0.089 × 0.021	15. 0.028 × 0.032
16. 0.065 × 0.055	17. 0.094 × 0.038	18. 0.028 × 0.079	19. 0.045 × 0.055	20. 0.077 × 0.028
21. 0.077 × 0.056	22. 0.040 × 0.059	23. 0.055 × 0.054	24. 0.052 × 0.012	25. 0.094 × 0.097

Exercise 63

1.   0.093
  × 0.048

2.   0.048
  × 0.074

3.   0.050
  × 0.098

4.   0.092
  × 0.096

5.   0.057
  × 0.020

6.   0.020
  × 0.071

7.   0.078
  × 0.037

8.   0.079
  × 0.041

9.   0.029
  × 0.071

10.   0.057
  × 0.017

11.   0.060
  × 0.027

12.   0.022
  × 0.074

13.   0.087
  × 0.068

14.   0.010
  × 0.092

15.   0.095
  × 0.053

16.   0.016
  × 0.088

17.   0.092
  × 0.065

18.   0.059
  × 0.038

19.   0.025
  × 0.034

20.   0.019
  × 0.058

21.   0.051
  × 0.019

22.   0.018
  × 0.074

23.   0.011
  × 0.088

24.   0.041
  × 0.012

25.   0.054
  × 0.056

Exercise 64

1. 0.215
    × 0.522

2. 0.975
    × 0.586

3. 0.600
    × 0.868

4. 0.830
    × 0.278

5. 0.555
    × 0.697

6. 0.860
    × 0.107

7. 0.496
    × 0.760

8. 0.642
    × 0.952

9. 0.556
    × 0.547

10. 0.904
    × 0.201

11. 0.586
    × 0.393

12. 0.531
    × 0.422

13. 0.255
    × 0.774

14. 0.792
    × 0.618

15. 0.883
    × 0.315

16. 0.602
    × 0.722

17. 0.845
    × 0.593

18. 0.955
    × 0.889

19. 0.426
    × 0.944

20. 0.368
    × 0.691

21. 0.735
    × 0.967

22. 0.281
    × 0.363

23. 0.296
    × 0.267

24. 0.453
    × 0.972

25. 0.311
    × 0.971

Exercise 65

1.   0.767
  × 0.128

2.   0.657
  × 0.291

3.   0.323
  × 0.915

4.   0.941
  × 0.334

5.   0.902
  × 0.515

6.   0.154
  × 0.739

7.   0.341
  × 0.316

8.   0.888
  × 0.407

9.   0.235
  × 0.455

10.   0.943
  × 0.660

11.   0.545
  × 0.343

12.   0.353
  × 0.465

13.   0.519
  × 0.932

14.   0.371
  × 0.126

15.   0.775
  × 0.635

16.   0.850
  × 0.850

17.   0.902
  × 0.948

18.   0.741
  × 0.664

19.   0.544
  × 0.279

20.   0.664
  × 0.847

21.   0.982
  × 0.983

22.   0.379
  × 0.887

23.   0.432
  × 0.626

24.   0.572
  × 0.976

25.   0.173
  × 0.835

Exercise 66

1.	0.571 × 0.582	2.	0.530 × 0.596	3.	0.808 × 0.380	4.	0.164 × 0.837	5.	0.162 × 0.503
6.	0.896 × 0.753	7.	0.645 × 0.853	8.	0.135 × 0.931	9.	0.262 × 0.828	10.	0.237 × 0.759
11.	0.651 × 0.954	12.	0.427 × 0.202	13.	0.254 × 0.112	14.	0.939 × 0.179	15.	0.400 × 0.544
16.	0.412 × 0.415	17.	0.580 × 0.761	18.	0.184 × 0.568	19.	0.990 × 0.703	20.	0.149 × 0.196
21.	0.480 × 0.718	22.	0.950 × 0.893	23.	0.984 × 0.761	24.	0.630 × 0.203	25.	0.723 × 0.297

Exercise 67

1.   8.685
  × 4.965

2.   6.809
  × 1.590

3.   1.136
  × 8.979

4.   9.304
  × 9.396

5.   1.342
  × 3.098

6.   7.393
  × 4.235

7.   4.951
  × 9.000

8.   7.656
  × 8.431

9.   2.339
  × 4.021

10.   4.774
  × 5.005

11.   9.469
  × 9.825

12.   7.486
  × 4.200

13.   9.162
  × 8.472

14.   4.515
  × 1.194

15.   4.536
  × 3.926

16.   3.776
  × 1.207

17.   6.869
  × 8.553

18.   6.891
  × 7.009

19.   5.817
  × 1.860

20.   3.661
  × 5.830

21.   4.069
  × 9.086

22.   3.634
  × 4.230

23.   2.234
  × 3.636

24.   3.728
  × 2.571

25.   5.662
  × 8.362

Exercise 68

1. 4.584
× 8.968

2. 9.973
× 5.921

3. 6.795
× 8.146

4. 8.061
× 6.779

5. 3.025
× 9.211

6. 1.714
× 6.062

7. 8.216
× 6.879

8. 3.635
× 5.598

9. 7.690
× 1.070

10. 9.755
× 7.277

11. 1.699
× 8.024

12. 1.532
× 8.549

13. 9.359
× 8.668

14. 7.794
× 1.277

15. 1.033
× 9.292

16. 8.308
× 7.073

17. 6.726
× 4.504

18. 1.571
× 2.654

19. 4.473
× 1.022

20. 4.027
× 1.204

21. 4.917
× 8.715

22. 4.220
× 6.423

23. 6.648
× 9.226

24. 9.172
× 5.375

25. 4.885
× 3.167

Exercise 69

1.   3.676
   × 7.426

2.   4.788
   × 9.402

3.   9.429
   × 2.097

4.   8.284
   × 6.613

5.   8.696
   × 2.580

6.   7.426
   × 4.377

7.   4.965
   × 9.031

8.   4.088
   × 9.899

9.   5.287
   × 8.118

10.   9.018
   × 9.338

11.   4.570
   × 9.346

12.   3.270
   × 3.093

13.   4.017
   × 2.169

14.   9.022
   × 2.594

15.   6.730
   × 9.676

16.   1.177
   × 2.153

17.   1.604
   × 4.308

18.   8.660
   × 5.234

19.   4.407
   × 6.385

20.   9.600
   × 9.146

21.   5.062
   × 6.685

22.   6.727
   × 5.834

23.   5.635
   × 8.695

24.   6.050
   × 6.618

25.   4.588
   × 9.821

Exercise 70

1. 9.690
    × 498.3

2. 994.6
    × 36.77

3. 5.377
    × 865.2

4. 770.6
    × 59.57

5. 65.11
    × 931.9

6. 4.801
    × 1.231

7. 8.906
    × 855.1

8. 1.992
    × 61.51

9. 60.49
    × 20.18

10. 9.428
    × 3.251

11. 383.0
    × 2.057

12. 60.61
    × 447.5

13. 775.0
    × 1.461

14. 1.606
    × 5.442

15. 567.0
    × 6.493

16. 2.204
    × 741.7

17. 22.24
    × 74.14

18. 38.53
    × 324.2

19. 68.40
    × 3.019

20. 43.10
    × 37.75

21. 478.7
    × 426.9

22. 47.43
    × 1.900

23. 711.6
    × 1.609

24. 4.081
    × 5.969

25. 71.37
    × 2.593

Exercise 71

1.　491.8
× 32.46

2.　52.97
× 8.423

3.　20.69
× 8.038

4.　82.97
× 8.912

5.　194.7
× 107.1

6.　76.37
× 4.529

7.　77.47
× 13.66

8.　86.28
× 919.3

9.　1.876
× 51.53

10.　516.4
× 6.233

11.　99.49
× 480.2

12.　374.6
× 82.49

13.　31.88
× 6.568

14.　31.32
× 3.739

15.　9.183
× 31.79

16.　3.492
× 443.3

17.　8.933
× 115.3

18.　532.5
× 430.0

19.　14.48
× 9.745

20.　7.764
× 947.3

21.　10.81
× 69.43

22.　822.6
× 717.3

23.　79.85
× 6.825

24.　471.6
× 61.66

25.　1.482
× 65.55

Exercise 72

1. 309.1
    × 9.011

2. 91.33
    × 8.562

3. 9.651
    × 5.019

4. 6.020
    × 297.5

5. 668.7
    × 3.864

6. 538.8
    × 1.291

7. 91.32
    × 82.61

8. 470.4
    × 6.630

9. 82.07
    × 2.671

10. 8.064
    × 878.0

11. 94.14
    × 597.3

12. 148.6
    × 95.08

13. 287.5
    × 38.41

14. 9.402
    × 6.282

15. 983.0
    × 2.751

16. 43.18
    × 250.2

17. 2.079
    × 5.774

18. 9.516
    × 23.41

19. 913.3
    × 44.74

20. 613.3
    × 5.194

21. 7.955
    × 86.36

22. 31.74
    × 85.90

23. 8.345
    × 535.4

24. 27.32
    × 337.6

25. 61.96
    × 83.90

Exercise 73

1.
$0.5 \overline{)0.4}$

2.
$0.5 \overline{)0.7}$

3.
$0.5 \overline{)0.2}$

4.
$0.7 \overline{)0.4}$

5.
$0.1 \overline{)0.4}$

6.
$0.6 \overline{)0.7}$

7.
$0.7 \overline{)0.8}$

8.
$0.3 \overline{)0.8}$

9.
$0.6 \overline{)0.4}$

10.
$0.7 \overline{)0.6}$

11.
$0.7 \overline{)0.2}$

12.
$0.5 \overline{)0.5}$

13.
$0.3 \overline{)0.4}$

14.
$0.3 \overline{)0.1}$

15.
$0.1 \overline{)0.6}$

16.
$0.7 \overline{)0.1}$

17.
$0.4 \overline{)0.5}$

18.
$0.2 \overline{)0.2}$

19.
$0.3 \overline{)0.6}$

20.
$0.5 \overline{)0.3}$

Exercise 74

1.
$0.3 \overline{) 0.5}$

2.
$0.3 \overline{) 0.7}$

3.
$0.2 \overline{) 0.3}$

4.
$0.1 \overline{) 0.4}$

5.
$0.7 \overline{) 0.1}$

6.
$0.2 \overline{) 0.4}$

7.
$0.2 \overline{) 0.6}$

8.
$0.2 \overline{) 0.2}$

9.
$0.1 \overline{) 0.2}$

10.
$0.7 \overline{) 0.4}$

11.
$0.7 \overline{) 0.5}$

12.
$0.8 \overline{) 0.3}$

13.
$0.2 \overline{) 0.5}$

14.
$0.1 \overline{) 0.9}$

15.
$0.8 \overline{) 0.5}$

16.
$0.1 \overline{) 0.7}$

17.
$0.5 \overline{) 0.2}$

18.
$0.5 \overline{) 0.4}$

19.
$0.6 \overline{) 0.6}$

20.
$0.8 \overline{) 0.2}$

Exercise 75

1.
$0.8 \overline{)0.3}$

2.
$0.4 \overline{)0.3}$

3.
$0.7 \overline{)0.3}$

4.
$0.3 \overline{)0.2}$

5.
$0.2 \overline{)0.3}$

6.
$0.7 \overline{)0.5}$

7.
$0.9 \overline{)0.7}$

8.
$0.4 \overline{)0.4}$

9.
$0.2 \overline{)0.7}$

10.
$0.6 \overline{)0.7}$

11.
$0.8 \overline{)0.8}$

12.
$0.8 \overline{)0.2}$

13.
$0.5 \overline{)0.4}$

14.
$0.8 \overline{)0.5}$

15.
$0.1 \overline{)0.6}$

16.
$0.4 \overline{)0.1}$

17.
$0.9 \overline{)0.1}$

18.
$0.3 \overline{)0.7}$

19.
$0.3 \overline{)0.8}$

20.
$0.7 \overline{)0.8}$

Exercise 76

1.
$4.2\overline{)8.8}$

2.
$2.6\overline{)3.6}$

3.
$8.4\overline{)9.0}$

4.
$4.5\overline{)9.5}$

5.
$5.6\overline{)6.9}$

6.
$3.5\overline{)6.0}$

7.
$7.1\overline{)9.8}$

8.
$1.4\overline{)3.6}$

9.
$7.8\overline{)3.7}$

10.
$5.0\overline{)6.4}$

11.
$7.5\overline{)2.4}$

12.
$6.0\overline{)6.9}$

13.
$7.0\overline{)9.8}$

14.
$4.6\overline{)4.6}$

15.
$7.1\overline{)7.8}$

16.
$4.6\overline{)4.1}$

17.
$2.4\overline{)5.8}$

18.
$6.6\overline{)6.9}$

19.
$2.3\overline{)9.3}$

20.
$6.8\overline{)7.9}$

Exercise 77

1.
$2.8\overline{)1.7}$

2.
$1.8\overline{)1.5}$

3.
$4.4\overline{)4.1}$

4.
$4.2\overline{)5.6}$

5.
$6.7\overline{)6.1}$

6.
$4.7\overline{)2.4}$

7.
$6.3\overline{)3.2}$

8.
$5.7\overline{)3.7}$

9.
$8.6\overline{)8.6}$

10.
$4.7\overline{)3.8}$

11.
$3.4\overline{)2.7}$

12.
$1.0\overline{)8.8}$

13.
$7.8\overline{)6.0}$

14.
$7.7\overline{)8.7}$

15.
$8.3\overline{)4.0}$

16.
$3.9\overline{)9.6}$

17.
$5.1\overline{)5.1}$

18.
$3.1\overline{)1.3}$

19.
$4.8\overline{)3.2}$

20.
$4.3\overline{)3.5}$

Exercise 78

1.
$7.4\overline{)9.3}$

2.
$8.9\overline{)5.2}$

3.
$9.6\overline{)9.4}$

4.
$9.4\overline{)9.6}$

5.
$7.4\overline{)2.4}$

6.
$9.8\overline{)4.6}$

7.
$5.8\overline{)6.3}$

8.
$7.5\overline{)5.4}$

9.
$3.8\overline{)9.4}$

10.
$7.9\overline{)2.8}$

11.
$8.8\overline{)5.7}$

12.
$7.0\overline{)4.9}$

13.
$9.2\overline{)9.3}$

14.
$1.4\overline{)1.0}$

15.
$2.1\overline{)6.7}$

16.
$9.8\overline{)5.8}$

17.
$8.4\overline{)5.6}$

18.
$8.7\overline{)7.6}$

19.
$8.7\overline{)4.9}$

20.
$3.2\overline{)5.3}$

Exercise 79

1. $0.05\overline{)0.03}$

2. $0.04\overline{)0.01}$

3. $0.07\overline{)0.03}$

4. $0.01\overline{)0.02}$

5. $0.06\overline{)0.09}$

6. $0.03\overline{)0.07}$

7. $0.03\overline{)0.02}$

8. $0.05\overline{)0.08}$

9. $0.08\overline{)0.08}$

10. $0.03\overline{)0.01}$

11. $0.02\overline{)0.05}$

12. $0.08\overline{)0.02}$

13. $0.09\overline{)0.08}$

14. $0.02\overline{)0.07}$

15. $0.01\overline{)0.06}$

16. $0.03\overline{)0.08}$

17. $0.06\overline{)0.08}$

18. $0.07\overline{)0.04}$

19. $0.08\overline{)0.03}$

20. $0.04\overline{)0.07}$

Exercise 80

1.
$0.09\overline{)0.05}$

2.
$0.06\overline{)0.07}$

3.
$0.05\overline{)0.09}$

4.
$0.01\overline{)0.08}$

5.
$0.03\overline{)0.09}$

6.
$0.06\overline{)0.06}$

7.
$0.07\overline{)0.08}$

8.
$0.02\overline{)0.01}$

9.
$0.08\overline{)0.07}$

10.
$0.02\overline{)0.03}$

11.
$0.05\overline{)0.02}$

12.
$0.03\overline{)0.03}$

13.
$0.03\overline{)0.01}$

14.
$0.06\overline{)0.02}$

15.
$0.07\overline{)0.03}$

16.
$0.02\overline{)0.09}$

17.
$0.01\overline{)0.05}$

18.
$0.03\overline{)0.08}$

19.
$0.02\overline{)0.07}$

20.
$0.07\overline{)0.06}$

Exercise 81

1.
$0.04\overline{)0.06}$

2.
$0.01\overline{)0.02}$

3.
$0.04\overline{)0.08}$

4.
$0.01\overline{)0.06}$

5.
$0.08\overline{)0.03}$

6.
$0.03\overline{)0.01}$

7.
$0.02\overline{)0.03}$

8.
$0.02\overline{)0.08}$

9.
$0.02\overline{)0.04}$

10.
$0.05\overline{)0.02}$

11.
$0.04\overline{)0.03}$

12.
$0.02\overline{)0.06}$

13.
$0.03\overline{)0.08}$

14.
$0.06\overline{)0.07}$

15.
$0.03\overline{)0.06}$

16.
$0.07\overline{)0.01}$

17.
$0.07\overline{)0.08}$

18.
$0.05\overline{)0.07}$

19.
$0.01\overline{)0.05}$

20.
$0.08\overline{)0.07}$

Exercise 82

1.
$3.49\overline{)3.66}$

2.
$3.99\overline{)7.27}$

3.
$7.58\overline{)8.85}$

4.
$3.88\overline{)5.12}$

5.
$9.09\overline{)9.72}$

6.
$1.85\overline{)2.22}$

7.
$1.48\overline{)2.13}$

8.
$7.42\overline{)3.11}$

9.
$3.99\overline{)1.38}$

10.
$2.55\overline{)4.86}$

11.
$4.67\overline{)2.81}$

12.
$4.37\overline{)1.79}$

13.
$7.43\overline{)5.29}$

14.
$3.42\overline{)1.48}$

15.
$6.61\overline{)2.95}$

16.
$6.38\overline{)6.55}$

17.
$2.57\overline{)2.03}$

18.
$7.37\overline{)1.55}$

19.
$2.05\overline{)2.19}$

20.
$9.36\overline{)2.56}$

Exercise 83

1.
$5.50\overline{)6.95}$

2.
$3.31\overline{)3.90}$

3.
$2.14\overline{)9.88}$

4.
$6.18\overline{)8.86}$

5.
$4.67\overline{)9.41}$

6.
$6.95\overline{)5.05}$

7.
$6.30\overline{)7.43}$

8.
$7.75\overline{)9.43}$

9.
$7.88\overline{)4.40}$

10.
$5.00\overline{)4.16}$

11.
$4.81\overline{)6.78}$

12.
$7.03\overline{)2.34}$

13.
$3.17\overline{)4.72}$

14.
$3.69\overline{)3.17}$

15.
$3.95\overline{)3.78}$

16.
$7.74\overline{)3.76}$

17.
$7.60\overline{)4.20}$

18.
$2.41\overline{)3.27}$

19.
$2.31\overline{)9.28}$

20.
$5.09\overline{)2.94}$

Exercise 84

1.
$7.51\overline{)2.64}$

2.
$5.41\overline{)2.88}$

3.
$2.31\overline{)2.14}$

4.
$9.09\overline{)3.37}$

5.
$7.32\overline{)2.86}$

6.
$8.14\overline{)3.57}$

7.
$6.73\overline{)8.40}$

8.
$2.51\overline{)1.51}$

9.
$7.25\overline{)2.73}$

10.
$8.68\overline{)9.61}$

11.
$8.29\overline{)1.40}$

12.
$4.42\overline{)3.58}$

13.
$4.69\overline{)4.10}$

14.
$6.33\overline{)5.09}$

15.
$7.53\overline{)1.83}$

16.
$9.38\overline{)9.37}$

17.
$5.92\overline{)8.56}$

18.
$6.24\overline{)3.87}$

19.
$7.69\overline{)2.73}$

20.
$1.06\overline{)4.84}$

Exercise 85

1.
$0.086\overline{)0.051}$

2.
$0.099\overline{)0.039}$

3.
$0.014\overline{)0.090}$

4.
$0.058\overline{)0.032}$

5.
$0.056\overline{)0.031}$

6.
$0.020\overline{)0.035}$

7.
$0.086\overline{)0.027}$

8.
$0.031\overline{)0.027}$

9.
$0.041\overline{)0.096}$

10.
$0.050\overline{)0.044}$

11.
$0.068\overline{)0.014}$

12.
$0.024\overline{)0.074}$

13.
$0.012\overline{)0.083}$

14.
$0.048\overline{)0.084}$

15.
$0.051\overline{)0.017}$

16.
$0.028\overline{)0.081}$

17.
$0.081\overline{)0.076}$

18.
$0.099\overline{)0.014}$

19.
$0.095\overline{)0.060}$

20.
$0.045\overline{)0.071}$

Name: _____ Date: _____ Score: _____

Exercise 86

1.
$0.051 \overline{)0.050}$
2.
$0.044 \overline{)0.072}$
3.
$0.057 \overline{)0.093}$
4.
$0.027 \overline{)0.056}$
5.
$0.053 \overline{)0.056}$

6.
$0.076 \overline{)0.020}$
7.
$0.058 \overline{)0.033}$
8.
$0.092 \overline{)0.072}$
9.
$0.078 \overline{)0.061}$
10.
$0.020 \overline{)0.093}$

11.
$0.083 \overline{)0.028}$
12.
$0.087 \overline{)0.067}$
13.
$0.038 \overline{)0.061}$
14.
$0.078 \overline{)0.069}$
15.
$0.053 \overline{)0.099}$

16.
$0.085 \overline{)0.079}$
17.
$0.041 \overline{)0.045}$
18.
$0.019 \overline{)0.049}$
19.
$0.088 \overline{)0.087}$
20.
$0.075 \overline{)0.094}$

Exercise 87

1. $0.026 \overline{)\ 0.013}$ 2. $0.040 \overline{)\ 0.046}$ 3. $0.093 \overline{)\ 0.017}$ 4. $0.055 \overline{)\ 0.081}$ 5. $0.072 \overline{)\ 0.075}$

6. $0.090 \overline{)\ 0.076}$ 7. $0.099 \overline{)\ 0.079}$ 8. $0.076 \overline{)\ 0.038}$ 9. $0.030 \overline{)\ 0.097}$ 10. $0.078 \overline{)\ 0.033}$

11. $0.041 \overline{)\ 0.014}$ 12. $0.098 \overline{)\ 0.040}$ 13. $0.058 \overline{)\ 0.064}$ 14. $0.077 \overline{)\ 0.052}$ 15. $0.096 \overline{)\ 0.070}$

16. $0.093 \overline{)\ 0.072}$ 17. $0.078 \overline{)\ 0.095}$ 18. $0.010 \overline{)\ 0.012}$ 19. $0.040 \overline{)\ 0.045}$ 20. $0.086 \overline{)\ 0.084}$

Exercise 88

1.
$0.170\overline{)0.397}$

2.
$0.819\overline{)0.744}$

3.
$0.396\overline{)0.587}$

4.
$0.694\overline{)0.710}$

5.
$0.330\overline{)0.909}$

6.
$0.294\overline{)0.451}$

7.
$0.205\overline{)0.715}$

8.
$0.640\overline{)0.596}$

9.
$0.938\overline{)0.425}$

10.
$0.975\overline{)0.815}$

11.
$0.623\overline{)0.688}$

12.
$0.727\overline{)0.684}$

13.
$0.586\overline{)0.918}$

14.
$0.912\overline{)0.839}$

15.
$0.602\overline{)0.589}$

16.
$0.826\overline{)0.206}$

17.
$0.871\overline{)0.138}$

18.
$0.335\overline{)0.127}$

19.
$0.110\overline{)0.724}$

20.
$0.164\overline{)0.631}$

Exercise 89

1. $0.496 \overline{)0.838}$ 2. $0.893 \overline{)0.436}$ 3. $0.572 \overline{)0.505}$ 4. $0.184 \overline{)0.815}$ 5. $0.445 \overline{)0.908}$

6. $0.739 \overline{)0.753}$ 7. $0.435 \overline{)0.561}$ 8. $0.161 \overline{)0.484}$ 9. $0.787 \overline{)0.719}$ 10. $0.508 \overline{)0.810}$

11. $0.381 \overline{)0.337}$ 12. $0.829 \overline{)0.431}$ 13. $0.729 \overline{)0.551}$ 14. $0.859 \overline{)0.850}$ 15. $0.252 \overline{)0.158}$

16. $0.808 \overline{)0.180}$ 17. $0.303 \overline{)0.394}$ 18. $0.142 \overline{)0.832}$ 19. $0.377 \overline{)0.779}$ 20. $0.789 \overline{)0.958}$

Exercise 90

1.
$0.305 \overline{)0.586}$　2.
$0.680 \overline{)0.636}$　3.
$0.230 \overline{)0.136}$　4.
$0.994 \overline{)0.986}$　5.
$0.900 \overline{)0.909}$

6.
$0.981 \overline{)0.572}$　7.
$0.523 \overline{)0.708}$　8.
$0.182 \overline{)0.277}$　9.
$0.107 \overline{)0.829}$　10.
$0.177 \overline{)0.936}$

11.
$0.671 \overline{)0.926}$　12.
$0.410 \overline{)0.481}$　13.
$0.614 \overline{)0.922}$　14.
$0.771 \overline{)0.256}$　15.
$0.699 \overline{)0.586}$

16.
$0.344 \overline{)0.612}$　17.
$0.736 \overline{)0.790}$　18.
$0.823 \overline{)0.583}$　19.
$0.323 \overline{)0.583}$　20.
$0.356 \overline{)0.603}$

Exercise 91

1.
$2.039 \overline{)1.079}$ 2.
$5.848 \overline{)5.597}$ 3.
$2.562 \overline{)9.451}$ 4.
$9.350 \overline{)7.857}$ 5.
$2.341 \overline{)3.938}$

6.
$2.588 \overline{)8.554}$ 7.
$1.620 \overline{)5.317}$ 8.
$3.371 \overline{)5.124}$ 9.
$5.813 \overline{)3.432}$ 10.
$6.384 \overline{)1.460}$

11.
$8.264 \overline{)1.135}$ 12.
$9.491 \overline{)1.348}$ 13.
$7.470 \overline{)3.634}$ 14.
$9.925 \overline{)3.471}$ 15.
$2.769 \overline{)1.310}$

16.
$6.867 \overline{)2.420}$ 17.
$9.664 \overline{)7.474}$ 18.
$5.253 \overline{)1.526}$ 19.
$5.042 \overline{)6.734}$ 20.
$4.480 \overline{)2.960}$

Name: _____ Date: _____ Score: _____

Exercise 92

1. $9.196 \overline{)\ 2.935}$ 2. $2.417 \overline{)\ 8.547}$ 3. $2.646 \overline{)\ 5.460}$ 4. $6.996 \overline{)\ 9.880}$ 5. $4.233 \overline{)\ 4.060}$

6. $9.255 \overline{)\ 9.580}$ 7. $7.778 \overline{)\ 2.560}$ 8. $4.031 \overline{)\ 9.430}$ 9. $4.065 \overline{)\ 4.266}$ 10. $9.275 \overline{)\ 6.564}$

11. $7.762 \overline{)\ 8.691}$ 12. $4.517 \overline{)\ 7.576}$ 13. $3.709 \overline{)\ 9.342}$ 14. $2.676 \overline{)\ 4.205}$ 15. $2.970 \overline{)\ 3.874}$

16. $6.883 \overline{)\ 4.626}$ 17. $9.301 \overline{)\ 3.337}$ 18. $3.543 \overline{)\ 1.306}$ 19. $6.266 \overline{)\ 9.246}$ 20. $5.204 \overline{)\ 9.766}$

Name: _____ Date: _____ Score: _____

Exercise 93

1.
$7.651\overline{)4.762}$
2.
$2.138\overline{)3.233}$
3.
$4.531\overline{)4.318}$
4.
$6.226\overline{)1.751}$
5.
$3.920\overline{)2.693}$

6.
$8.310\overline{)9.227}$
7.
$3.459\overline{)4.832}$
8.
$5.859\overline{)2.971}$
9.
$9.481\overline{)3.785}$
10.
$2.587\overline{)7.745}$

11.
$8.181\overline{)3.925}$
12.
$2.498\overline{)1.274}$
13.
$4.398\overline{)1.643}$
14.
$6.955\overline{)2.165}$
15.
$6.049\overline{)1.238}$

16.
$5.857\overline{)2.731}$
17.
$4.176\overline{)6.516}$
18.
$9.925\overline{)3.949}$
19.
$7.110\overline{)6.959}$
20.
$4.445\overline{)7.275}$

Exercise 94

1.
$54.72 \overline{)76.82}$

2.
$4.173 \overline{)18.84}$

3.
$135.5 \overline{)283.9}$

4.
$5.685 \overline{)9.878}$

5.
$1.060 \overline{)51.86}$

6.
$346.9 \overline{)49.62}$

7.
$6.477 \overline{)80.56}$

8.
$5.714 \overline{)361.8}$

9.
$6.104 \overline{)732.6}$

10.
$162.6 \overline{)3.264}$

11.
$48.14 \overline{)72.04}$

12.
$7.668 \overline{)2.859}$

13.
$75.57 \overline{)2.780}$

14.
$897.4 \overline{)85.36}$

15.
$707.7 \overline{)6.493}$

16.
$28.39 \overline{)270.6}$

17.
$65.31 \overline{)72.18}$

18.
$69.84 \overline{)809.7}$

19.
$1.789 \overline{)7.367}$

20.
$87.58 \overline{)6.657}$

Exercise 95

1.
$72.34 \overline{)5.165}$
2.
$620.2 \overline{)895.3}$
3.
$3.520 \overline{)8.333}$
4.
$43.17 \overline{)2.002}$
5.
$19.44 \overline{)336.1}$

6.
$289.4 \overline{)2.789}$
7.
$363.6 \overline{)1.716}$
8.
$904.3 \overline{)6.628}$
9.
$71.95 \overline{)9.604}$
10.
$2.766 \overline{)147.3}$

11.
$543.6 \overline{)67.42}$
12.
$3.939 \overline{)728.4}$
13.
$201.8 \overline{)443.6}$
14.
$382.9 \overline{)52.43}$
15.
$115.5 \overline{)483.3}$

16.
$78.73 \overline{)75.21}$
17.
$1.176 \overline{)1.065}$
18.
$4.915 \overline{)41.38}$
19.
$11.59 \overline{)2.978}$
20.
$2.646 \overline{)20.91}$

Exercise 96

1. $59.78 \overline{)92.92}$ 2. $771.7 \overline{)4.892}$ 3. $50.30 \overline{)358.2}$ 4. $6.132 \overline{)24.46}$ 5. $306.7 \overline{)77.49}$

6. $463.3 \overline{)136.9}$ 7. $86.98 \overline{)54.62}$ 8. $984.2 \overline{)460.6}$ 9. $2.333 \overline{)8.875}$ 10. $6.353 \overline{)51.18}$

11. $68.98 \overline{)622.9}$ 12. $39.15 \overline{)9.659}$ 13. $2.158 \overline{)2.184}$ 14. $8.970 \overline{)3.591}$ 15. $60.04 \overline{)3.726}$

16. $857.0 \overline{)828.4}$ 17. $351.8 \overline{)926.5}$ 18. $9.962 \overline{)46.90}$ 19. $96.25 \overline{)88.50}$ 20. $44.58 \overline{)6.739}$

Answer Key

Exercise 1:

1. 1.0   2. 0.9   3. 1.0   4. 1.0   5. 1.5   6. 1.2   7. 0.8   8. 1.0   9. 0.9   10. 1.6   11. 1.2   12. 0.9

13. 0.7   14. 1.7   15. 0.7   16. 1.4   17. 0.8   18. 0.7   19. 1.6   20. 0.9   21. 0.4   22. 1.2   23. 0.5   24. 1.1

25. 0.5   26. 1.3   27. 1.3   28. 0.9   29. 1.1   30. 0.8

Exercise 2:

1. 1.3   2. 0.8   3. 0.8   4. 0.5   5. 0.7   6. 1.0   7. 1.2   8. 1.4   9. 0.4   10. 1.7   11. 0.6   12. 1.4

13. 0.9   14. 1.3   15. 0.9   16. 1.1   17. 1.2   18. 1.5   19. 0.6   20. 1.1   21. 1.1   22. 0.7   23. 0.9   24. 1.0

25. 0.9   26. 0.3   27. 1.7   28. 1.0   29. 1.2   30. 0.8

Exercise 3:

1. 1.0   2. 0.5   3. 0.8   4. 1.0   5. 0.9   6. 0.6   7. 1.2   8. 0.3   9. 1.1   10. 0.5   11. 1.4   12. 1.2

13. 0.9   14. 1.4   15. 0.8   16. 1.0   17. 1.5   18. 0.9   19. 1.1   20. 0.7   21. 0.7   22. 1.3   23. 1.6   24. 1.1

25. 1.1   26. 0.7   27. 0.4   28. 0.9   29. 1.1   30. 0.6

Exercise 4:

1. 10.6   2. 12.4   3. 12.9   4. 12.8   5. 14.8   6. 8.2   7. 15.3   8. 9.4   9. 9.3   10. 5.9

11. 12.1   12. 14.1   13. 9.1   14. 5.2   15. 6.6   16. 7.2   17. 14.0   18. 2.7   19. 15.5   20. 9.4

21. 7.8   22. 12.1   23. 9.5   24. 5.1   25. 8.4   26. 14.1   27. 14.7   28. 12.3   29. 9.8   30. 9.2

Exercise 5:

1. 8.2   2. 10.8   3. 10.3   4. 10.9   5. 9.2   6. 12.8   7. 5.7   8. 13.9   9. 15.7   10. 15.8

11. 6.1   12. 5.5   13. 7.3   14. 12.2   15. 6.7   16. 9.7   17. 3.8   18. 5.0   19. 4.5   20. 14.9

21. 6.6   22. 9.6   23. 12.7   24. 9.7   25. 13.4   26. 10.6   27. 4.2   28. 4.6   29. 6.4   30. 14.9

Exercise 6:

1. 13.8   2. 16.7   3. 9.8   4. 8.1   5. 8.5   6. 12.3   7. 11.9   8. 9.7   9. 8.0   10. 8.5

11. 9.4   12. 7.0   13. 6.0   14. 17.6   15. 7.7   16. 12.1   17. 7.9   18. 11.5   19. 11.3   20. 12.7

21. 14.8   22. 16.6   23. 3.7   24. 9.7   25. 6.6   26. 2.1   27. 12.5   28. 15.5   29. 14.8   30. 10.3

Exercise 7:

1. 0.10   2. 0.13   3. 0.16   4. 0.02   5. 0.03   6. 0.11   7. 0.09   8. 0.12   9. 0.10   10. 0.06

11. 0.14   12. 0.13   13. 0.07   14. 0.13   15. 0.10   16. 0.17   17. 0.07   18. 0.11   19. 0.10   20. 0.09

21. 0.10   22. 0.07   23. 0.11   24. 0.07   25. 0.12   26. 0.08   27. 0.09   28. 0.07   29. 0.15   30. 0.11

Exercise 8:

1. 0.15   2. 0.11   3. 0.08   4. 0.08   5. 0.12   6. 0.13   7. 0.11   8. 0.07   9. 0.16   10. 0.11

11. 0.05   12. 0.10   13. 0.09   14. 0.07   15. 0.09   16. 0.14   17. 0.10   18. 0.11   19. 0.14   20. 0.10

21. 0.10   22. 0.09   23. 0.08   24. 0.10   25. 0.16   26. 0.17   27. 0.08   28. 0.10   29. 0.11   30. 0.08

Exercise 9:

1. 0.05   2. 0.11   3. 0.14   4. 0.08   5. 0.08   6. 0.10   7. 0.11   8. 0.08   9. 0.06   10. 0.12

11. 0.13   12. 0.06   13. 0.13   14. 0.07   15. 0.08   16. 0.16   17. 0.10   18. 0.10   19. 0.09   20. 0.11

21. 0.08   22. 0.16   23. 0.11   24. 0.12   25. 0.12   26. 0.09   27. 0.15   28. 0.07   29. 0.09   30. 0.13

Exercise 10:

1. 10.18   2. 9.99   3. 17.77   4. 6.92   5. 3.88   6. 15.87   7. 8.41   8. 11.05   9. 10.21

10. 18.14   11. 10.11   12. 8.05   13. 15.18   14. 7.62   15. 15.90   16. 11.07   17. 7.10   18. 18.14

19. 9.48   20. 9.03   21. 12.07   22. 11.51   23. 8.50   24. 9.80   25. 15.44   26. 9.61   27. 6.74

28. 15.78   29. 14.02   30. 11.53

Answer Key

Exercise 11:

1. 10.56	2. 8.03	3. 12.80	4. 6.88	5. 5.29	6. 7.02	7. 15.12	8. 5.68	9. 4.79
10. 10.03	11. 10.52	12. 9.81	13. 11.57	14. 7.94	15. 9.38	16. 11.72	17. 14.99	18. 10.18
19. 16.56	20. 10.38	21. 9.51	22. 6.71	23. 9.24	24. 15.54	25. 12.60	26. 8.32	27. 11.43
28. 9.37	29. 14.59	30. 13.39						

Exercise 12:

1. 11.82	2. 8.14	3. 9.41	4. 10.17	5. 9.48	6. 14.25	7. 13.56	8. 15.97	9. 13.39
10. 6.38	11. 10.86	12. 13.60	13. 10.59	14. 7.78	15. 8.20	16. 10.29	17. 8.67	18. 5.46
19. 8.86	20. 7.95	21. 14.14	22. 9.32	23. 14.56	24. 5.62	25. 18.53	26. 13.36	27. 6.34
28. 7.94	29. 15.27	30. 8.73						

Exercise 13:

1. 0.155	2. 0.124	3. 0.108	4. 0.058	5. 0.088	6. 0.118	7. 0.177	8. 0.151	9. 0.107
10. 0.106	11. 0.050	12. 0.116	13. 0.168	14. 0.086	15. 0.154	16. 0.098	17. 0.096	18. 0.063
19. 0.056	20. 0.126	21. 0.092	22. 0.113	23. 0.086	24. 0.105	25. 0.090	26. 0.134	27. 0.102
28. 0.159	29. 0.104	30. 0.102						

Exercise 14:

1. 0.127	2. 0.110	3. 0.091	4. 0.138	5. 0.119	6. 0.077	7. 0.071	8. 0.047	9. 0.147
10. 0.131	11. 0.135	12. 0.140	13. 0.108	14. 0.101	15. 0.114	16. 0.067	17. 0.060	18. 0.059
19. 0.126	20. 0.101	21. 0.170	22. 0.159	23. 0.091	24. 0.099	25. 0.098	26. 0.136	27. 0.116
28. 0.122	29. 0.130	30. 0.108						

Exercise 15:

1. 0.082	2. 0.069	3. 0.079	4. 0.050	5. 0.118	6. 0.090	7. 0.052	8. 0.123	9. 0.042
10. 0.083	11. 0.179	12. 0.090	13. 0.094	14. 0.150	15. 0.093	16. 0.148	17. 0.111	18. 0.121
19. 0.111	20. 0.189	21. 0.109	22. 0.046	23. 0.142	24. 0.062	25. 0.119	26. 0.173	27. 0.073
28. 0.109	29. 0.050	30. 0.116						

Exercise 16:

1. 0.711	2. 1.402	3. 1.611	4. 0.924	5. 0.485	6. 0.950	7. 1.603	8. 1.005	9. 1.330
10. 1.263	11. 1.241	12. 1.102	13. 0.631	14. 0.352	15. 0.935	16. 0.514	17. 0.934	18. 0.694
19. 0.398	20. 0.499	21. 1.285	22. 1.020	23. 1.474	24. 1.701	25. 0.675	26. 1.299	27. 0.899
28. 0.591	29. 0.582	30. 0.572						

Exercise 17:

1. 1.618	2. 0.960	3. 0.886	4. 1.138	5. 1.038	6. 1.131	7. 0.737	8. 1.360	9. 1.053
10. 1.338	11. 0.914	12. 1.289	13. 1.137	14. 1.020	15. 1.425	16. 1.035	17. 1.096	18. 0.679
19. 1.217	20. 1.379	21. 1.724	22. 1.161	23. 1.377	24. 1.236	25. 0.690	26. 1.116	27. 1.569
28. 1.699	29. 0.728	30. 1.016						

Exercise 18:

1. 0.492	2. 1.065	3. 1.547	4. 1.755	5. 0.786	6. 1.340	7. 1.001	8. 1.200	9. 0.860
10. 1.203	11. 1.394	12. 1.083	13. 1.643	14. 0.678	15. 0.266	16. 1.867	17. 1.241	18. 1.234
19. 1.798	20. 1.193	21. 1.376	22. 1.234	23. 1.158	24. 1.500	25. 1.260	26. 1.823	27. 0.436
28. 0.891	29. 1.274	30. 0.667						

Answer Key

Exercise 19:

1. 4.303　2. 5.799　3. 11.079　4. 11.712　5. 12.947　6. 12.871　7. 9.297　8. 12.036

9. 5.959　10. 10.074　11. 9.754　12. 16.982　13. 8.735　14. 14.231　15. 15.696　16. 11.155

17. 10.915　18. 17.389　19. 12.064　20. 9.287　21. 14.040　22. 6.800　23. 12.286　24. 5.294

25. 7.887　26. 6.949　27. 12.817　28. 16.405　29. 16.758　30. 17.368

Exercise 20:

1. 19.544　2. 11.156　3. 8.874　4. 9.324　5. 14.976　6. 12.389　7. 13.969　8. 11.585

9. 12.091　10. 16.379　11. 8.768　12. 10.773　13. 8.671　14. 16.197　15. 12.077　16. 6.684

17. 13.907　18. 8.547　19. 7.170　20. 9.812　21. 4.623　22. 13.858　23. 9.380　24. 6.298

25. 14.148　26. 18.367　27. 8.386　28. 9.979　29. 6.041　30. 10.918

Exercise 21:

1. 19.128　2. 7.138　3. 13.918　4. 14.431　5. 5.593　6. 6.557　7. 10.206　8. 15.636

9. 11.227　10. 9.624　11. 5.973　12. 7.038　13. 10.141　14. 15.037　15. 13.375　16. 17.028

17. 6.013　18. 14.973　19. 8.288　20. 12.286　21. 14.733　22. 14.470　23. 4.410　24. 8.793

25. 14.731　26. 15.807　27. 15.694　28. 12.881　29. 12.783　30. 13.272

Exercise 22:

1. 2.614　2. 36.0　3. 21.44　4. 14.7　5. 54.4　6. 7.506　7. 577.3　8. 0.044　9. 77.31

10. 53.28　11. 0.41　12. 7.87　13. 203.2　14. 8.193　15. 0.009　16. 159.7　17. 638.5　18. 670.3

19. 2.61　20. 0.875　21. 9.450　22. 110.6　23. 0.592　24. 446.3　25. 0.173　26. 98.41　27. 146.3

28. 547.6　29. 0.071　30. 1.054

Exercise 23:

1. 18.169　2. 1.43　3. 109.7　4. 39.76　5. 10.705　6. 1.21　7. 0.200　8. 62.7

9. 0.378　10. 93.02　11. 1,018.5　12. 15.317　13. 104.5　14. 0.078　15. 5.216　16. 0.124

17. 18.8　18. 0.60　19. 1.29　20. 0.849　21. 0.013　22. 743.3　23. 9.437　24. 6.08

25. 1.172　26. 8.6　27. 0.702　28. 1.333　29. 3.840　30. 6.594

Exercise 24:

1. 1,361.9　2. 0.556　3. 3.772　4. 4.48　5. 885.6　6. 7.4　7. 940.2　8. 0.889　9. 0.070

10. 9.6　11. 0.003　12. 14.48　13. 0.293　14. 0.097　15. 41.6　16. 0.14　17. 26.46　18. 47.72

19. 87.6　20. 3.258　21. 55.9　22. 1.24　23. 5.577　24. 381.4　25. 64.43　26. 878.5　27. 0.12

28. 0.9　29. 5.8　30. 7.5

Exercise 25:

1. 0.0　2. 0.6　3. 0.1　4. 0.5　5. 0.0　6. 0.1　7. 0.2　8. 0.8　9. 0.0　10. 0.4　11. 0.2　12. 0.2

13. 0.3　14. 0.0　15. 0.7　16. 0.4　17. 0.5　18. 0.2　19. 0.1　20. 0.5　21. 0.3　22. 0.2　23. 0.2　24. 0.6

25. 0.1　26. 0.0　27. 0.4　28. 0.0　29. 0.5　30. 0.3

Exercise 26:

1. 0.4　2. 0.1　3. 0.4　4. 0.3　5. 0.3　6. 0.5　7. 0.1　8. 0.2　9. 0.5　10. 0.0　11. 0.1　12. 0.3

13. 0.4　14. 0.2　15. 0.3　16. 0.2　17. 0.0　18. 0.2　19. 0.0　20. 0.3　21. 0.2　22. 0.7　23. 0.5　24. 0.0

25. 0.1　26. 0.4　27. 0.1　28. 0.1　29. 0.1　30. 0.1

Exercise 27:

1. 0.6　2. 0.0　3. 0.1　4. 0.0　5. 0.0　6. 0.6　7. 0.0　8. 0.5　9. 0.1　10. 0.5　11. 0.2　12. 0.3

13. 0.0　14. 0.7　15. 0.5　16. 0.1　17. 0.7　18. 0.1　19. 0.3　20. 0.1　21. 0.3　22. 0.4　23. 0.0　24. 0.2

Answer Key

25. 0.2　26. 0.0　27. 0.2　28. 0.3　29. 0.1　30. 0.3

Exercise 28:

1. 8.4　2. 2.1　3. 5.6　4. 1.8　5. 0.8　6. 0.1　7. 1.9　8. 0.7　9. 4.3　10. 7.5　11. 0.1　12. 1.0

13. 1.2　14. 2.6　15. 7.9　16. 2.6　17. 1.6　18. 0.3　19. 7.6　20. 2.1　21. 7.1　22. 1.8　23. 4.8　24. 2.1

25. 2.0　26. 2.1　27. 4.5　28. 1.4　29. 1.2　30. 4.3

Exercise 29:

1. 3.6　2. 1.5　3. 3.1　4. 1.5　5. 4.9　6. 4.6　7. 5.7　8. 0.8　9. 5.0　10. 0.7　11. 3.8　12. 5.7

13. 0.4　14. 1.0　15. 2.9　16. 0.2　17. 1.9　18. 1.0　19. 6.7　20. 1.0　21. 6.0　22. 1.8　23. 4.9　24. 0.7

25. 0.4　26. 0.8　27. 2.8　28. 2.4　29. 2.4　30. 4.9

Exercise 30:

1. 2.1　2. 6.7　3. 5.5　4. 0.3　5. 1.4　6. 1.0　7. 2.4　8. 2.9　9. 2.2　10. 4.8　11. 0.0　12. 5.7

13. 1.8　14. 0.6　15. 5.0　16. 3.0　17. 0.0　18. 6.6　19. 0.2　20. 5.3　21. 5.4　22. 6.4　23. 0.0　24. 1.5

25. 0.4　26. 0.1　27. 6.0　28. 0.7　29. 4.8　30. 2.6

Exercise 31:

1. 0.03　2. 0.01　3. 0.02　4. 0.02　5. 0.04　6. 0.05　7. 0.00　8. 0.01　9. 0.01　10. 0.03

11. 0.03　12. 0.02　13. 0.06　14. 0.06　15. 0.02　16. 0.00　17. 0.04　18. 0.01　19. 0.03　20. 0.04

21. 0.00　22. 0.06　23. 0.01　24. 0.08　25. 0.00　26. 0.04　27. 0.01　28. 0.05　29. 0.04　30. 0.02

Exercise 32:

1. 0.02　2. 0.04　3. 0.00　4. 0.04　5. 0.01　6. 0.04　7. 0.03　8. 0.01　9. 0.03　10. 0.06

11. 0.02　12. 0.05　13. 0.02　14. 0.05　15. 0.01　16. 0.06　17. 0.06　18. 0.00　19. 0.05　20. 0.01

21. 0.00　22. 0.00　23. 0.05　24. 0.07　25. 0.03　26. 0.03　27. 0.02　28. 0.00　29. 0.04　30. 0.03

Exercise 33:

1. 0.07　2. 0.00　3. 0.02　4. 0.03　5. 0.05　6. 0.06　7. 0.01　8. 0.04　9. 0.02　10. 0.06

11. 0.03　12. 0.00　13. 0.03　14. 0.06　15. 0.02　16. 0.00　17. 0.04　18. 0.02　19. 0.02　20. 0.05

21. 0.04　22. 0.04　23. 0.03　24. 0.05　25. 0.00　26. 0.08　27. 0.03　28. 0.04　29. 0.01　30. 0.03

Exercise 34:

1. 5.51　2. 0.56　3. 4.26　4. 1.70　5. 4.30　6. 1.17　7. 0.70　8. 2.95　9. 3.18　10. 2.12

11. 0.22　12. 0.45　13. 1.46　14. 1.10　15. 1.38　16. 4.56　17. 4.84　18. 2.81　19. 0.74　20. 2.37

21. 0.94　22. 7.99　23. 1.20　24. 5.92　25. 1.92　26. 0.58　27. 2.08　28. 3.95　29. 0.07　30. 6.25

Exercise 35:

1. 2.31　2. 1.30　3. 2.16　4. 0.18　5. 2.14　6. 3.44　7. 3.32　8. 3.03　9. 1.79　10. 3.40

11. 2.31　12. 6.40　13. 5.42　14. 0.57　15. 3.10　16. 4.36　17. 0.72　18. 2.22　19. 4.35　20. 4.82

21. 2.06　22. 2.74　23. 1.27　24. 1.50　25. 5.52　26. 0.23　27. 0.37　28. 7.63　29. 0.22　30. 5.79

Exercise 36:

1. 0.19　2. 0.79　3. 0.34　4. 2.60　5. 1.48　6. 0.12　7. 3.80　8. 4.21　9. 4.40　10. 7.43

11. 2.11　12. 0.33　13. 5.99　14. 3.11　15. 1.19　16. 3.03　17. 1.08　18. 1.42　19. 1.42　20. 1.21

21. 0.86　22. 0.22　23. 0.69　24. 7.70　25. 2.90　26. 3.11　27. 2.50　28. 2.11　29. 1.11　30. 3.72

Exercise 37:

1. 0.041　2. 0.010　3. 0.016　4. 0.047　5. 0.002　6. 0.004　7. 0.069　8. 0.046　9. 0.025

10. 0.010　11. 0.016　12. 0.006　13. 0.042　14. 0.016　15. 0.028　16. 0.060　17. 0.026　18. 0.004

19. 0.053　20. 0.021　21. 0.040　22. 0.001　23. 0.058　24. 0.051　25. 0.034　26. 0.022　27. 0.043

Answer Key

28. 0.007   29. 0.050   30. 0.060

Exercise 38:

1. 0.027	2. 0.022	3. 0.001	4. 0.059	5. 0.017	6. 0.004	7. 0.014	8. 0.043	9. 0.022
10. 0.013	11. 0.003	12. 0.034	13. 0.025	14. 0.026	15. 0.009	16. 0.055	17. 0.036	18. 0.075
19. 0.061	20. 0.030	21. 0.031	22. 0.026	23. 0.003	24. 0.024	25. 0.012	26. 0.047	27. 0.035
28. 0.016	29. 0.046	30. 0.026						

Exercise 39:

1. 0.067	2. 0.005	3. 0.025	4. 0.041	5. 0.027	6. 0.050	7. 0.041	8. 0.010	9. 0.028
10. 0.068	11. 0.076	12. 0.002	13. 0.025	14. 0.000	15. 0.018	16. 0.047	17. 0.026	18. 0.022
19. 0.044	20. 0.011	21. 0.072	22. 0.034	23. 0.045	24. 0.014	25. 0.005	26. 0.064	27. 0.036
28. 0.004	29. 0.056	30. 0.028						

Exercise 40:

1. 0.013	2. 0.558	3. 0.385	4. 0.322	5. 0.547	6. 0.116	7. 0.353	8. 0.236	9. 0.166
10. 0.193	11. 0.078	12. 0.159	13. 0.559	14. 0.405	15. 0.576	16. 0.436	17. 0.076	18. 0.624
19. 0.638	20. 0.080	21. 0.212	22. 0.025	23. 0.270	24. 0.198	25. 0.297	26. 0.651	27. 0.620
28. 0.232	29. 0.495	30. 0.670						

Exercise 41:

1. 0.083	2. 0.020	3. 0.144	4. 0.080	5. 0.113	6. 0.346	7. 0.238	8. 0.051	9. 0.024
10. 0.374	11. 0.124	12. 0.258	13. 0.284	14. 0.174	15. 0.172	16. 0.475	17. 0.019	18. 0.483
19. 0.166	20. 0.744	21. 0.513	22. 0.375	23. 0.206	24. 0.050	25. 0.041	26. 0.404	27. 0.066
28. 0.138	29. 0.143	30. 0.520						

Exercise 42:

1. 0.246	2. 0.247	3. 0.051	4. 0.248	5. 0.153	6. 0.128	7. 0.217	8. 0.255	9. 0.178
10. 0.070	11. 0.347	12. 0.113	13. 0.552	14. 0.762	15. 0.244	16. 0.300	17. 0.180	18. 0.491
19. 0.257	20. 0.416	21. 0.348	22. 0.126	23. 0.296	24. 0.143	25. 0.150	26. 0.462	27. 0.045
28. 0.122	29. 0.470	30. 0.064						

Exercise 43:

1. 1.781	2. 1.317	3. 6.557	4. 1.639	5. 2.272	6. 1.891	7. 3.883	8. 1.112	9. 2.913
10. 5.277	11. 5.423	12. 4.591	13. 1.043	14. 0.959	15. 2.243	16. 3.876	17. 3.300	18. 0.276
19. 5.306	20. 4.692	21. 1.300	22. 5.340	23. 5.476	24. 2.252	25. 2.460	26. 0.731	27. 1.895
28. 3.395	29. 3.771	30. 7.205						

Exercise 44:

1. 1.377	2. 0.041	3. 3.269	4. 4.416	5. 7.060	6. 2.892	7. 6.360	8. 0.517	9. 5.940
10. 0.813	11. 1.892	12. 2.643	13. 3.458	14. 5.355	15. 5.323	16. 3.071	17. 3.191	18. 2.932
19. 4.684	20. 0.329	21. 6.878	22. 8.672	23. 1.876	24. 2.990	25. 2.108	26. 4.805	27. 4.322
28. 2.579	29. 4.930	30. 3.960						

Exercise 45:

1. 2.669	2. 4.681	3. 3.583	4. 0.797	5. 0.555	6. 6.170	7. 1.500	8. 1.540	9. 1.646
10. 1.519	11. 3.555	12. 0.518	13. 2.825	14. 0.934	15. 0.126	16. 0.840	17. 2.270	18. 1.119
19. 3.764	20. 0.229	21. 7.763	22. 1.733	23. 2.166	24. 2.928	25. 0.362	26. 2.462	27. 2.799

Answer Key

28. 0.839   29. 1.330   30. 2.470

Exercise 46:

1. 0.041	2. 3.68	3. 0.11	4. 3.401	5. 0.1	6. 0.332	7. 0.11	8. 7.31	9. 52.9
10. 0.3	11. 7.457	12. 8.3	13. 0.001	14. 351.5	15. 5.4	16. 0.1	17. 0.03	18. 0.365
19. 10.1	20. 1.501	21. 5.693	22. 0.0	23. 6.78	24. 848.0	25. 0.208	26. 64.03	27. 94.91
28. 19.09	29. 1.980	30. 12.4						

Exercise 47:

1. 9.519	2. 80.9	3. 8.02	4. 2.5	5. 28.24	6. 89.1	7. 1.558	8. 0.36	9. 46.9
10. 0.053	11. 2.635	12. 3.53	13. 5.5	14. 0.037	15. 2.29	16. 6.05	17. 6.035	18. 624.1
19. 452.6	20. 243.0	21. 21.15	22. 65.51	23. 0.201	24. 70.06	25. 0.6	26. 0.544	27. 648.4
28. 0.165	29. 4.24	30. 597.9						

Exercise 48:

1. 9.106	2. 0.002	3. 2.59	4. 1.929	5. 43.36	6. 4.458	7. 8.712	8. 0.181	9. 3.538
10. 7.74	11. 0.058	12. 0.599	13. 4.597	14. 95.43	15. 405.5	16. 0.00	17. 4.63	18. 2.8
19. 423.9	20. 5.215	21. 0.035	22. 76.78	23. 0.000	24. 0.27	25. 86.3	26. 0.072	27. 949.4
28. 27.90	29. 19.58	30. 65.91						

Exercise 49:

1. 0.18	2. 0.64	3. 0.81	4. 0.20	5. 0.06	6. 0.28	7. 0.07	8. 0.36	9. 0.15	10. 0.08
11. 0.12	12. 0.20	13. 0.12	14. 0.35	15. 0.40	16. 0.27	17. 0.21	18. 0.04	19. 0.14	20. 0.56
21. 0.21	22. 0.12	23. 0.02	24. 0.42	25. 0.15					

Exercise 50:

1. 0.04	2. 0.45	3. 0.35	4. 0.20	5. 0.48	6. 0.10	7. 0.54	8. 0.06	9. 0.56	10. 0.16
11. 0.42	12. 0.16	13. 0.12	14. 0.24	15. 0.42	16. 0.05	17. 0.09	18. 0.40	19. 0.25	20. 0.64
21. 0.27	22. 0.32	23. 0.06	24. 0.21	25. 0.15					

Exercise 51:

1. 0.20	2. 0.06	3. 0.16	4. 0.10	5. 0.25	6. 0.20	7. 0.12	8. 0.04	9. 0.12	10. 0.14
11. 0.40	12. 0.08	13. 0.02	14. 0.06	15. 0.12	16. 0.12	17. 0.15	18. 0.56	19. 0.18	20. 0.04
21. 0.09	22. 0.03	23. 0.24	24. 0.16	25. 0.15					

Exercise 52:

1. 15.12	2. 28.35	3. 12.48	4. 20.46	5. 15.75	6. 27.69	7. 38.88	8. 32.20	9. 6.00
10. 5.94	11. 48.00	12. 78.02	13. 78.57	14. 48.24	15. 11.02	16. 56.10	17. 29.16	18. 10.12
19. 19.95	20. 66.50	21. 21.45	22. 61.41	23. 49.02	24. 27.60	25. 76.26		

Exercise 53:

1. 85.36	2. 7.70	3. 5.75	4. 78.32	5. 3.40	6. 55.38	7. 35.20	8. 15.96	9. 17.76
10. 28.35	11. 42.72	12. 12.90	13. 62.30	14. 65.36	15. 8.47	16. 28.42	17. 7.22	18. 36.12
19. 13.86	20. 39.22	21. 28.49	22. 8.19	23. 28.90	24. 32.30	25. 45.24		

Exercise 54:

1. 34.76	2. 9.84	3. 24.15	4. 8.32	5. 22.05	6. 20.74	7. 76.23	8. 13.80	9. 31.15
10. 11.78	11. 7.20	12. 16.28	13. 54.72	14. 9.25	15. 18.60	16. 12.32	17. 13.76	18. 15.12
19. 28.67	20. 29.64	21. 35.10	22. 4.29	23. 17.39	24. 54.60	25. 34.20		

Answer Key

Exercise 55:

1. 0.0048	2. 0.0012	3. 0.0024	4. 0.0006	5. 0.0003	6. 0.0012	7. 0.0018	8. 0.0009
9. 0.0072	10. 0.0005	11. 0.0016	12. 0.0021	13. 0.0015	14. 0.0040	15. 0.0030	16. 0.0064
17. 0.0032	18. 0.0018	19. 0.0004	20. 0.0049	21. 0.0020	22. 0.0002	23. 0.0014	24. 0.0040
25. 0.0035							

Exercise 56:

1. 0.0018	2. 0.0028	3. 0.0006	4. 0.0018	5. 0.0020	6. 0.0035	7. 0.0064	8. 0.0012
9. 0.0014	10. 0.0016	11. 0.0021	12. 0.0054	13. 0.0012	14. 0.0020	15. 0.0008	16. 0.0032
17. 0.0030	18. 0.0063	19. 0.0048	20. 0.0024	21. 0.0018	22. 0.0056	23. 0.0008	24. 0.0024
25. 0.0006							

Exercise 57:

1. 0.0049	2. 0.0024	3. 0.0014	4. 0.0008	5. 0.0010	6. 0.0024	7. 0.0018	8. 0.0016
9. 0.0054	10. 0.0064	11. 0.0020	12. 0.0016	13. 0.0028	14. 0.0056	15. 0.0025	16. 0.0048
17. 0.0024	18. 0.0012	19. 0.0036	20. 0.0002	21. 0.0009	22. 0.0009	23. 0.0036	24. 0.0018
25. 0.0063							

Exercise 58:

1. 38.8065	2. 31.5296	3. 6.5853	4. 38.1087	5. 43.2795	6. 25.7931	7. 39.9966
8. 81.3830	9. 77.7899	10. 9.8427	11. 15.3005	12. 16.7055	13. 39.8351	14. 29.0164
15. 51.9078	16. 6.4962	17. 21.7257	18. 25.0257	19. 9.2280	20. 6.0473	21. 11.6325
22. 11.8456	23. 20.1344	24. 76.0685	25. 11.6708			

Exercise 59:

1. 8.1950	2. 8.9304	3. 16.8168	4. 11.5850	5. 18.3402	6. 7.4538	7. 26.7862
8. 52.4095	9. 8.0360	10. 8.9991	11. 32.1345	12. 34.0560	13. 69.2104	14. 41.1474
15. 53.6426	16. 24.2382	17. 55.1780	18. 24.2512	19. 6.4818	20. 13.5286	21. 35.1790
22. 58.5274	23. 10.7486	24. 13.9893	25. 6.5764			

Exercise 60:

1. 28.6042	2. 46.9965	3. 34.4654	4. 14.7600	5. 2.6460	6. 21.1896	7. 27.7500
8. 13.0640	9. 53.5096	10. 7.4290	11. 65.4682	12. 26.7549	13. 18.0690	14. 35.6352
15. 33.2500	16. 10.3411	17. 7.4482	18. 12.4341	19. 58.8504	20. 9.8500	21. 40.8800
22. 16.8720	23. 8.8673	24. 14.8959	25. 12.1512			

Exercise 61:

1. 0.001312	2. 0.001566	3. 0.006768	4. 0.003149	5. 0.000986	6. 0.005074	7. 0.001518
8. 0.000798	9. 0.002145	10. 0.007380	11. 0.002150	12. 0.005400	13. 0.000960	14. 0.002070
15. 0.005917	16. 0.000935	17. 0.001794	18. 0.004312	19. 0.001564	20. 0.003180	21. 0.000948
22. 0.000495	23. 0.005548	24. 0.005256	25. 0.001632			

Exercise 62:

1. 0.006240	2. 0.006776	3. 0.004266	4. 0.002112	5. 0.000840	6. 0.001836	7. 0.003441
8. 0.000408	9. 0.000705	10. 0.001932	11. 0.001470	12. 0.000988	13. 0.001632	14. 0.001869
15. 0.000896	16. 0.003575	17. 0.003572	18. 0.002212	19. 0.002475	20. 0.002156	21. 0.004312
22. 0.002360	23. 0.002970	24. 0.000624	25. 0.009118			

Answer Key

Exercise 63:

1. 0.004464	2. 0.003552	3. 0.004900	4. 0.008832	5. 0.001140	6. 0.001420	7. 0.002886
8. 0.003239	9. 0.002059	10. 0.000969	11. 0.001620	12. 0.001628	13. 0.005916	14. 0.000920
15. 0.005035	16. 0.001408	17. 0.005980	18. 0.002242	19. 0.000850	20. 0.001102	21. 0.000969
22. 0.001332	23. 0.000968	24. 0.000492	25. 0.003024			

Exercise 64:

1. 0.112230	2. 0.571350	3. 0.520800	4. 0.230740	5. 0.386835	6. 0.092020	7. 0.376960
8. 0.611184	9. 0.304132	10. 0.181704	11. 0.230298	12. 0.224082	13. 0.197370	14. 0.489456
15. 0.278145	16. 0.434644	17. 0.501085	18. 0.848995	19. 0.402144	20. 0.254288	21. 0.710745
22. 0.102003	23. 0.079032	24. 0.440316	25. 0.301981			

Exercise 65:

1. 0.098176	2. 0.191187	3. 0.295545	4. 0.314294	5. 0.464530	6. 0.113806	7. 0.107756
8. 0.361416	9. 0.106925	10. 0.622380	11. 0.186935	12. 0.164145	13. 0.483708	14. 0.046746
15. 0.492125	16. 0.722500	17. 0.855096	18. 0.492024	19. 0.151776	20. 0.562408	21. 0.965306
22. 0.336173	23. 0.270432	24. 0.558272	25. 0.144455			

Exercise 66:

1. 0.332322	2. 0.315880	3. 0.307040	4. 0.137268	5. 0.081486	6. 0.674688	7. 0.550185
8. 0.125685	9. 0.216936	10. 0.179883	11. 0.621054	12. 0.086254	13. 0.028448	14. 0.168081
15. 0.217600	16. 0.170980	17. 0.441380	18. 0.104512	19. 0.695970	20. 0.029204	21. 0.344640
22. 0.848350	23. 0.748824	24. 0.127890	25. 0.214731			

Exercise 67:

1. 43.121025	2. 10.826310	3. 10.200144	4. 87.420384	5. 4.157516	6. 31.309355
7. 44.559000	8. 64.547736	9. 9.405119	10. 23.893870	11. 93.032925	12. 31.441200
13. 77.620464	14. 5.390910	15. 17.808336	16. 4.557632	17. 58.750557	18. 48.299019
19. 10.819620	20. 21.343630	21. 36.970934	22. 15.371820	23. 8.122824	24. 9.584688
25. 47.345644					

Exercise 68:

1. 41.109312	2. 59.050133	3. 55.352070	4. 54.645519	5. 27.863275	6. 10.390268
7. 56.517864	8. 20.348730	9. 8.228300	10. 70.987135	11. 13.632776	12. 13.097068
13. 81.123812	14. 9.952938	15. 9.598636	16. 58.762484	17. 30.293904	18. 4.169434
19. 4.571406	20. 4.848508	21. 42.851655	22. 27.105060	23. 61.334448	24. 49.299500
25. 15.470795					

Exercise 69:

1. 27.297976	2. 45.016776	3. 19.772613	4. 54.782092	5. 22.435680	6. 32.503602
7. 44.838915	8. 40.467112	9. 42.919866	10. 84.210084	11. 42.711220	12. 10.114110
13. 8.712873	14. 23.403068	15. 65.119480	16. 2.534081	17. 6.910032	18. 45.326440
19. 28.138695	20. 87.801600	21. 33.839470	22. 39.245318	23. 48.996325	24. 40.038900
25. 45.058748					

Exercise 70:

1. 4,828.5270	2. 36,571.442	3. 4,652.1804	4. 45,904.642	5. 60,676.009	6. 5.910031

Answer Key

7. 7,615.5206   8. 122.52792   9. 1,220.6882   10. 30.650428   11. 787.8310   12. 27,122.975

13. 1,132.2750   14. 8.739852   15. 3,681.5310   16. 1,634.7068   17. 1,648.8736   18. 12,491.426

19. 206.49960   20. 1,627.0250   21. 204,357.03   22. 90.11700   23. 1,144.9644   24. 24.359489

25. 185.06241

Exercise 71:

1. 15,963.828   2. 446.16631   3. 166.30622   4. 739.42864   5. 20,852.37   6. 345.87973

7. 1,058.2402   8. 79,317.204   9. 96.67028   10. 3,218.7212   11. 47,775.098   12. 30,900.754

13. 209.38784   14. 117.10548   15. 291.92757   16. 1,548.0036   17. 1,029.9749   18. 228,975.00

19. 141.10760   20. 7,354.8372   21. 750.5383   22. 590,050.98   23. 544.97625   24. 29,078.856

25. 97.14510

Exercise 72:

1. 2,785.3001   2. 781.96746   3. 48.438369   4. 1,790.9500   5. 2,583.8568   6. 695.5908

7. 7,543.9452   8. 3,118.7520   9. 219.20897   10. 7,080.1920   11. 56,229.822   12. 14,128.888

13. 11,042.875   14. 59.063364   15. 2,704.2330   16. 10,803.636   17. 12.004146   18. 222.76956

19. 40,861.042   20. 3,185.4802   21. 686.99380   22. 2,726.4660   23. 4,467.9130   24. 9,223.232

25. 5,198.4440

Exercise 73:

1. 0.8   2. 1.4   3. 0.4   4. 0.571   5. 4   6. 1.167   7. 1.143   8. 2.667   9. 0.667

10. 0.857   11. 0.286   12. 1   13. 1.333   14. 0.333   15. 6   16. 0.143   17. 1.25   18. 1

19. 2   20. 0.6

Exercise 74:

1. 1.667   2. 2.333   3. 1.5   4. 4   5. 0.143   6. 2   7. 3   8. 1   9. 2

10. 0.571   11. 0.714   12. 0.375   13. 2.5   14. 9   15. 0.625   16. 7   17. 0.4   18. 0.8

19. 1   20. 0.25

Exercise 75:

1. 0.375   2. 0.75   3. 0.429   4. 0.667   5. 1.5   6. 0.714   7. 0.778   8. 1   9. 3.5

10. 1.167   11. 1   12. 0.25   13. 0.8   14. 0.625   15. 6   16. 0.25   17. 0.111   18. 2.333

19. 2.667   20. 1.143

Exercise 76:

1. 2.095   2. 1.385   3. 1.071   4. 2.111   5. 1.232   6. 1.714   7. 1.380   8. 2.571   9. 0.474

10. 1.28   11. 0.32   12. 1.15   13. 1.4   14. 1   15. 1.099   16. 0.891   17. 2.417   18. 1.045

19. 4.043   20. 1.162

Exercise 77:

1. 0.607   2. 0.833   3. 0.932   4. 1.333   5. 0.910   6. 0.511   7. 0.508   8. 0.649   9. 1

10. 0.809   11. 0.794   12. 8.8   13. 0.769   14. 1.130   15. 0.482   16. 2.462   17. 1   18. 0.419

19. 0.667   20. 0.814

Exercise 78:

1. 1.257   2. 0.584   3. 0.979   4. 1.021   5. 0.324   6. 0.469   7. 1.086   8. 0.72   9. 2.474

10. 0.354   11. 0.648   12. 0.7   13. 1.011   14. 0.714   15. 3.190   16. 0.592   17. 0.667   18. 0.874

19. 0.563   20. 1.656

Answer Key

Exercise 79:

1. 0.6	2. 0.25	3. 0.429	4. 2	5. 1.5	6. 2.333	7. 0.667	8. 1.6	9. 1
10. 0.333	11. 2.5	12. 0.25	13. 0.889	14. 3.5	15. 6	16. 2.667	17. 1.333	18. 0.571
19. 0.375	20. 1.75							

Exercise 80:

1. 0.556	2. 1.167	3. 1.8	4. 8	5. 3	6. 1	7. 1.143	8. 0.5	9. 0.875
10. 1.5	11. 0.4	12. 1	13. 0.333	14. 0.333	15. 0.429	16. 4.5	17. 5	18. 2.667
19. 3.5	20. 0.857							

Exercise 81:

1. 1.5	2. 2	3. 2	4. 6	5. 0.375	6. 0.333	7. 1.5	8. 4	9. 2
10. 0.4	11. 0.75	12. 3	13. 2.667	14. 1.167	15. 2	16. 0.143	17. 1.143	18. 1.4
19. 5	20. 0.875							

Exercise 82:

1. 1.049	2. 1.822	3. 1.168	4. 1.320	5. 1.069	6. 1.2	7. 1.439	8. 0.419	9. 0.346
10. 1.906	11. 0.602	12. 0.410	13. 0.712	14. 0.433	15. 0.446	16. 1.027	17. 0.790	18. 0.210
19. 1.068	20. 0.274							

Exercise 83:

1. 1.264	2. 1.178	3. 4.617	4. 1.434	5. 2.015	6. 0.727	7. 1.179	8. 1.217	9. 0.558
10. 0.832	11. 1.410	12. 0.333	13. 1.489	14. 0.859	15. 0.957	16. 0.486	17. 0.553	18. 1.357
19. 4.017	20. 0.578							

Exercise 84:

1. 0.352	2. 0.532	3. 0.926	4. 0.371	5. 0.391	6. 0.439	7. 1.248	8. 0.602	9. 0.377
10. 1.107	11. 0.169	12. 0.810	13. 0.874	14. 0.804	15. 0.243	16. 0.999	17. 1.446	18. 0.620
19. 0.355	20. 4.566							

Exercise 85:

1. 0.593	2. 0.394	3. 6.429	4. 0.552	5. 0.554	6. 1.75	7. 0.314	8. 0.871	9. 2.341
10. 0.88	11. 0.206	12. 3.083	13. 6.917	14. 1.75	15. 0.333	16. 2.893	17. 0.938	18. 0.141
19. 0.632	20. 1.578							

Exercise 86:

1. 0.980	2. 1.636	3. 1.632	4. 2.074	5. 1.057	6. 0.263	7. 0.569	8. 0.783	9. 0.782
10. 4.65	11. 0.337	12. 0.770	13. 1.605	14. 0.885	15. 1.868	16. 0.929	17. 1.098	18. 2.579
19. 0.989	20. 1.253							

Exercise 87:

1. 0.5	2. 1.15	3. 0.183	4. 1.473	5. 1.042	6. 0.844	7. 0.798	8. 0.5	9. 3.233
10. 0.423	11. 0.341	12. 0.408	13. 1.103	14. 0.675	15. 0.729	16. 0.774	17. 1.218	18. 1.2
19. 1.125	20. 0.977							

Exercise 88:

1. 2.335	2. 0.908	3. 1.482	4. 1.023	5. 2.755	6. 1.534	7. 3.488	8. 0.931	9. 0.453
10. 0.836	11. 1.104	12. 0.941	13. 1.567	14. 0.920	15. 0.978	16. 0.249	17. 0.158	18. 0.379
19. 6.582	20. 3.848							

Answer Key

Exercise 89:

1. 1.690	2. 0.488	3. 0.883	4. 4.429	5. 2.040	6. 1.019	7. 1.290	8. 3.006	9. 0.914
10. 1.594	11. 0.885	12. 0.520	13. 0.756	14. 0.990	15. 0.627	16. 0.223	17. 1.300	18. 5.859
19. 2.066	20. 1.214							

Exercise 90:

1. 1.921	2. 0.935	3. 0.591	4. 0.992	5. 1.01	6. 0.583	7. 1.354	8. 1.522	9. 7.748
10. 5.288	11. 1.380	12. 1.173	13. 1.502	14. 0.332	15. 0.838	16. 1.779	17. 1.073	18. 0.708
19. 1.805	20. 1.694							

Exercise 91:

1. 0.529	2. 0.957	3. 3.689	4. 0.840	5. 1.682	6. 3.305	7. 3.282	8. 1.520	9. 0.590
10. 0.229	11. 0.137	12. 0.142	13. 0.486	14. 0.350	15. 0.473	16. 0.352	17. 0.773	18. 0.291
19. 1.336	20. 0.661							

Exercise 92:

1. 0.319	2. 3.536	3. 2.063	4. 1.412	5. 0.959	6. 1.035	7. 0.329	8. 2.339	9. 1.049
10. 0.708	11. 1.120	12. 1.677	13. 2.519	14. 1.571	15. 1.304	16. 0.672	17. 0.359	18. 0.369
19. 1.476	20. 1.877							

Exercise 93:

1. 0.622	2. 1.512	3. 0.953	4. 0.281	5. 0.687	6. 1.110	7. 1.397	8. 0.507	9. 0.399
10. 2.994	11. 0.480	12. 0.510	13. 0.374	14. 0.311	15. 0.205	16. 0.466	17. 1.560	18. 0.398
19. 0.979	20. 1.637							

Exercise 94:

1. 1.404	2. 4.515	3. 2.095	4. 1.738	5. 48.925	6. 0.143	7. 12.438	8. 63.318
9. 120.020	10. 0.020	11. 1.496	12. 0.373	13. 0.037	14. 0.095	15. 0.009	16. 9.532
17. 1.105	18. 11.594	19. 4.118	20. 0.076				

Exercise 95:

1. 0.071	2. 1.444	3. 2.367	4. 0.046	5. 17.289	6. 0.010	7. 0.005
8. 0.007	9. 0.133	10. 53.254	11. 0.124	12. 184.920	13. 2.198	14. 0.137
15. 4.184	16. 0.955	17. 0.906	18. 8.419	19. 0.257	20. 7.902	

Exercise 96:

1. 1.554	2. 0.006	3. 7.121	4. 3.989	5. 0.253	6. 0.295	7. 0.628	8. 0.468	9. 3.804
10. 8.056	11. 9.030	12. 0.247	13. 1.012	14. 0.400	15. 0.062	16. 0.967	17. 2.634	18. 4.708
19. 0.919	20. 0.151							

Made in the USA
Coppell, TX
31 August 2024

36616750R00063